@网络危机管理

Web2.0时代企业危机解决之道

林景新 著

暨南大学出版社
JINAN UNIVERSITY PRESS
中国·广州

图书在版编目（CIP）数据

网络危机管理：Web 2.0 时代企业危机解决之道 / 林景新著. —广州：暨南大学出版社，2009.4
ISBN 978-7-81135-205-4

Ⅰ. 网…　Ⅱ. 林…　Ⅲ. 企业管理—公共关系学　Ⅳ. F270

中国版本图书馆 CIP 数据核字（2009）第 032811 号

出版发行：暨南大学出版社

地　址：中国广州暨南大学
电　话：总编室（8620）85221601
营销部（8620）85225284　85228291　85220693（邮购）
传　真：（8620）85221583（办公室）　85223774（营销部）
邮　编：510630
网　址：http：//www. jnupress. com　http：//press. jnu. edu. cn

排　版：广州市天河星辰文化发展部照排中心
印　刷：佛山市浩文彩色印刷有限公司

开　本：710mm × 1000mm　1/16
印　张：15.5
字　数：190 千
版　次：2009 年 4 月第 1 版
印　次：2009 年 4 月第 1 次
印　数：1—5000 册

定　价：29.80 元

嘉宾推荐语

上海外国语大学国际工商管理学院公关系主任、公共关系研究院常务副院长　纪华强　教授

2000年以来，越来越频繁出现的网络危机事件对我国企业造成的伤害，已让人们从沉浸于数字传播时代“公关第一”的憧憬中警醒！林景新先生的《网络危机管理》一书，为我们剖析数字传播时代社会舆论表现的特性，总结我国企业面对网络负面信息的管理经验与教训，以及对网络时代危机公关管理策略进行的开拓性探索与研究，对我们今天的企业网络危机管理理论与实践都具有重要的借鉴与启迪作用。

暨南大学管理学院教授　胡刚

网络作为一种大众媒体，自由度更高、传播速度更快，更具有脆弱性和互动性特点，从而为企业网络危机的产生提供了温床，使得网络成为企业经营的一把双刃剑。因此，企业在运营中应加入防范网络危机的工作，使网络危机管理日常化、制度化，重视网络危机应对策略研究。《网络危机管理》一书为我们提供了一套很好的解决方案。

家乐福华东区公共事务总监　于剑

随着网络的普及，草根阶层的监督力量空前强大。网络不仅成为企业危机的放大器，也弱化了信息的不对称性，互联网让企业的公关成本大大增加。如今，常规的公关手段已经跟不上形势的发展。当企业面对危机的暗流涌动束手无策的时候，林景新先生这本《网络危机管理》无疑为我们开出了一剂良药！

中国移动通信集团河南有限公司公共事务部副总经理　范峰

互联网时代的到来不仅颠覆了许多传统的商业模式，更是让信息的传播变得难以驾驭。网络舆论监督在随着政府高层的关注开始发挥实质性作用的同时，对企业危机公关也提出了全新的挑战。赏读林景新先生的《网络危机管理》，或许能让我们有所启迪。

联想集团华南区市场推广总监　李平

10 年前我们还在做“72 小时网络生存”的首测，今天我们连想都不敢想，离开了网络生活的落差会有多大。网络已经渗透我们工作和生活的方方面面，网络也让危机公关变得更加多维和复杂。此时此刻，不了解网络危机公关就无法成为一个合格的公关人员，林景新老师的《网络危机管理》是雪中送炭。

港华投资有限公司企业传讯总监　梁小红

互联网是把双刃剑，它推动了信息的传播，同时也给企业带了一些前所未有的危机事件。企业必须适当地应用一些公关技巧，让网络成为企业转危为机的有效工具。林景新先生的这本新书，举出了很多近年来十分典型的危机事件，理论和实践兼备，令人获益不少。

新生代市场监测机构副总经理兼研究总监　肖明超

互联网不再是个简单的媒体，已经成为消费者赖以生存的第二社会空间，网络所具有的信息高度分散、信息被广泛共享、信息在瞬间迅速扩散、受众前所未有的参与性、24 小时不间断等特点，让企业发生危机时稍有不慎就可能遭受灭顶之灾。如何应对突发的网络危机？林景新先生的《网络危机管理》一书分析了系统的解决方案，值得所有的企业借鉴。

甲骨文软件公司大中华区高级公关经理　李美贞

互联网时代，发布新闻本身不是最重要的，而关键是对新闻事件本身你要表达和传递什么样的观点和意见。由此，企业传统的“媒体关系”(media relations) 已转变成“意见影响者关系”(influencer relations)。公众，无论哪个群体，都需要、愿意而且能够参与“对话”(conversation)。对话的影响力在加大，企业有必要重新审视和检讨其公关对策。

《网络危机管理》做了有意义的探讨，非常及时，非常有价值！

序

最近有机会先睹林景新先生的大作《网络危机管理》，书中的精彩案例及应对策略让我心有所感。

许多人对公关的陈旧定义是“公关是企业的化妆师”，现在可能过时了。在网络时代，公关做的是如何将企业的强项及价值经由各种渠道很有效地与消费者及时互动沟通，并做反馈。

公共关系服务的对象不再是媒体，而是最终用户。消费者也是经由多元化渠道在回馈他们的消费体验并与他们认识的小社群分享，这是7/24在进行着。消费者时刻注视着企业及领导们的所说及所行，这是隐藏不了，也轻视不得的事。在一个网络发达的时代，如何与公众沟通、如何快速有效处理危机事件，这是企业领导人必须高度重视的工作。

在国外，随着来势汹汹的金融危机，对危机的警惕与应对已经成为诸多领导人最为关注的问题。

美国总统大选已过，一切政治语言及热情都已消退，人们不再关心他们在选举时说了些什么，而更关心他们现在说了或做了些什么。人们不再关心奥巴马的“改变”政见，人们记忆最清楚的是他在选择几个部长人选时面对“候选人个人缴税”问题遇到了一些麻烦，但对着公众与媒体的批评，他选择了坦承、公开向选民说“抱歉，我搞砸了”，从而有效地化解更大的潜在危机。

股神巴菲特在经历了2008年经济大危机之后，虽然企业还有五十多亿美元的获利，但是对他来说这是过去44年来第二次的资产减少，市值降了62%，这对他来说是不可逃避的责任。

面对着外界的压力，他在给股东的年度报告书中坦诚地说，“我做了些愚笨的决定，以至于犯了不可原谅的大错”，并诚恳地与多方利益相关者进行沟通。虽然投资的失误原因不单单在巴菲特本身的决策，但他愿将这些责任承担起来，这是领导人真诚的风格，从而令他赢得尊敬和信赖，在企业危机时刻，依然获得员工、投资者及政府的信任与认可。

反观当AIG在深陷危机之时，在接受美国政府1 800亿的救助金后，这些把企业带到“关门险境”的高阶主管们，最近还在用这笔救助金在分配“应得的酬劳（佣金）”，有人高达650万美元，虽然“于法有据”（旧合约），但是“于理难容”。这些领导人失去一次展现领导风格的机会，受到外界的强烈批评。

这不只对AIG企业形象是极大的伤害，而且是对美国资本主义信任体系的大打击：企业都给搞垮了，企业高管们还在蚕食政府给的最后救命钱。那景气好的时候，你能想象他们会有多贪吗？今天美国老百姓对华尔街不信任的比率高达70%。

当海水退去时，我们就知道谁在裸泳。在危机来临时，我们就能察觉哪些是有社会责任的企业，哪些企业领导人是戴着虚伪的面具在面对大众。

领导人是否能赢得尊敬和信赖，最重要的是在危机的关键时刻，他们做的是否和说的一样，这是检验的最佳时机：真诚领导、正直、有勇气、能坚持、善于沟通、有担当、有社会责任感……这些不再是公共关系的专用词，而是动词，人们在看领导们的表现。特别是在这“世代交替”的时代，“80 后”的年轻人对领导人的风格与诚信的关注，已与企业“品牌印象”深度结合。

面对危机，许多企业高管常常相信经验或一般公关专家的建议：“要低调，船过水无痕。”这是一般人的反应。但这对愿做“真诚领导”的人来说也是一个重要的选择时刻：我要成为一般的领导人吗？还是我愿承担我的责任，真诚面对社会，然后赢得社会与员工的尊敬，做一个好的企业公民？

在危机的关键时刻，领导人常常按“常规”反应，而没有“停下来，深入思考有哪些选择？做最佳选择，再往前行”。时时都是选择的机会，时时可以把握机会，领导人要懂得运用卓越的领导力进行有效危机管理，建立企业的新形象，从而化危为机。

主要企业转型咨询公司（美国）总裁　陈朝益

目录CONTENTS

序 1

第一章 Web2.0时代，每个网民都是蒙面“杀手”

在Web2.0时代，每个人都掌握了信息的主动权，每个人都可以是一家小型的媒体，每个人都可以从自己的角度肆意对企业、品牌、产品发表自己的观点。而正是这种全面开放式的舆论自由时代的到来，使得每一位网民都可能成为潜在的蒙面“杀手”。

可怕的网络“杀手” 2

“蝴蝶效应”使网络危机迅速扩散 4

网络危机时代全面来临 6

网民一生气，后果很严重 9

警惕舆论危机的“破窗效应” 12

注意！“网络打手”出没 14

案例解读：达能与娃哈哈的网络“打手”大厮杀 17

链接：引发网络危机的十大“杀手” 19

第二章 十大典型企业网络危机事件

2008年中国市场上的企业危机事件告诉我们：一个Web2.0时代的企业危机公关时代正在来临。网络舆论对于危机事件的引发、推动、扩散起到了非常巨大的作用，几乎每一次危机之火都与网络传播密切相关。

案例一：恒源祥十二生肖广告危机风波 23

案例二：“艳照门”：洁尔阴的明星代言危机 27

案例三：东航返航事件引发的信任危机 29

案例四：玖龙纸业陷入“血汗工厂”事件 32

案例五：玫琳凯政府公关泄密事件 34

案例六：万科陷入“捐款门” 37

案例七：抵制家乐福事件中的网络狂潮 39

案例八：“网络杀手”出没，康师傅深陷“水源门”危机 41

案例九：三鹿危机：企业无法承受之重 44

案例十：百度陷入“勒索营销”危机旋涡 47

Web2.0时代危机传播管理的思考 50

第三章 网络危机传播是如何扩散的

每一个人都必须正视Web2.0时代的危险性——随时随地可能射出的攻击暗箭以及由此被挑动的暴力情绪，无时无刻不潜伏在我们身边。探究网络危机传播的起因、扩散原因，从中寻求防御应对之道，这无论对政府、企业还是个人，都有重要的现实意义。

网络危机传播的扩散路径 53

病毒性危机传播的特点 54

网络危机传播的机制分析及公众心理特点 55

网络危机传播的四大特点 58

3亿网民时代与网络危机的二八法则 60

网络危机扩散周期及错误态度 62

案例解读一：网络如何通过议题设置扩散危机影响 64

案例解读二：广元柑橘事件：新媒体时代的危机扩散 71

第四章 网络博客危机应对策略

Web2.0时代的到来，个人式的自由书写与表达已经成为信息社会的重要一部分，博客个人式媒体的肆意批评对企业的危机管理提出了重大挑战。博客的意义远非只是个人话语权力的自由释放如此简单，它所带来的信息传播、话题引导以及可能带来的舆论危机，正在深刻改变着商业运行规则。

迅速崛起的博客世界 77

警惕来自博客的攻击 79

博客危机：没有硝烟的战争 80

网络时代，企业如何应对博客危机 86

员工博客舆论管理：来自IBM的启示 88

案例解读：博客挑战：阿迪达斯与星巴克如何身陷舆论危机 91

第五章 e见领袖的沟通管理策略

他们不一定是知名学者、明星、媒体人士，他们也许勤于笔耕，他们也许只是乐于分享，他们或者对某一款产品了如指掌……在网络上，他们被称为e见领袖——他们的观点与意见可以引爆一种品牌产品的流行，他们的批评与投诉可以给一个企业带来危机。

e见领袖：网络中影响90%网民的10% 96

e见领袖：舆论危机中的"看不见的手" 103

如何与e见领袖进行沟通 109

e见领袖沟通的"四四法则"策略 114

案例解读：如何借助e见领袖平息舆论危机 116

第六章　网络谣言传播及应对策略

谣言无处不在，谣言之箭往往离我们只有一步之遥，而网络环境则是谣言生成及其危机影响扩散的最佳温床。当大声疾呼被视为托词辩解，沉默不语却被误认为俯首认罪时，我们应如何应对谣言的伤害?

小心！谣言来了　120
网言可畏：网络谣言的杀伤力　124
遭受过谣言袭击的著名企业　128
网络谣言的应对策略　137

第七章　建立全面网络危机防御天盾

当越来越多的品牌危机来自深不可测的网络时，任何一位企业领导都必须转变危机管理思维，洞察一系列已经发生变化或者可能发生变化的新现象。身处这样一个负面消息随时出现的网络时代，应对危机的最好方法就是构筑起危机防御天盾，以应对随时可能出现的危机事件。

网络危机防御：企业危机管理第一关键词　143
六大步骤建立起网络危机防御天盾　145
比危机天盾更为重要的危机管理七大原则　155
案例解读：危机来临，创维如何进行全面沟通　155

第八章　声誉管理：企业危机防御最佳天盾

企业声誉是广泛的利益相关方一段时期以来对公司产生的综合认知，它包含不同程度的信任和尊重。在危机重重的网络时代，良好的声誉是防御企业发生危机的最有利天盾。

行业制高者的社会责任　163

声誉管理：危机之盾 166
社会责任：企业声誉的核心基础 171
如何履行社会责任化解危机 176
优秀企业如何进行声誉投资 180
案例解读：宝洁通过公益营销提升企业声誉 185

附录：经典危机管理案例分析与点评

案例一：新奥燃气“政府公关”泄密危机启示录 189
案例二：华硕“假芯案”危机：“台湾式危机公关”是否行得通？ 195
案例三：危机火烧连营，企业如何应对 203
案例四：企业裁员中的危机沟通管理 209
案例五：快公司成长之危机管理 215
案例六：蒙牛应该记住的三条危机守则 220
案例七：多美滋危机的另一只靴子何时落下 225

后记 227

相关链接 229

第一章

Web2.0 时代，每个网民都是蒙面“杀手”

在 Web2.0 时代，每个人都掌握了信息的主动权，每个人都可以是一家小型的媒体，每个人都可以从自己的角度肆意对企业、品牌、产品发表自己的观点。而正是这种全面开放式的舆论自由时代的到来，使得每一位网民都可能成为潜在的蒙面“杀手”。

可怕的网络“杀手”

2008年8月7日，一篇名为“康师傅：你的优质水源在哪里?”的网络文章，指出康师傅矿物质水广告中声称的“选取的优质水源”竟是自来水。这篇帖子立即引来大量的网友热顶，很快红遍各大论坛。

这篇完全出于网民（或者说竞争对手）之手的帖子，由于描述生动，且细节真实可信、标题与内容都非常有吸引力，所以迅速成为各大网站上爆炸性的热门文章，传播速度惊人。很快，网友的热顶与回帖引发了平面媒体的关注，而平面媒体的定调性报道，将事件的发展推向了高潮。

与康师傅的“水源门”事件一样，越来越多的品牌由于网民的无意或有意调侃、批评、挖内幕，从而引发极高的关注度，最终由于权威平面媒体的介入或大规模报道，演变成了企业的一场重大危机。

2008年6月，一篇名为“肯德基内幕”的帖子在网上流传。作者揭发了肯德基所养殖的鸡都是三头六翼的畸形鸡，同时还附上了多张照片，内容让人吃惊。虽然从内容的描述以及图片看，这篇帖子虚假的成分很高，但由于内容惊人，且肯德基属于关注度极高的知名品牌，所以帖子还是被疯狂转载，给肯德基造成很

“肯德基内幕”的离奇描述加上“恐怖”照片使肯德基品牌受到不小的负面影响

大的负面影响。

更早之前，一位惠普电脑的用户由于不满意惠普的服务，在自己的博客上写了一篇名为“惠普无道”的文章，怒责惠普在中国所谓“金牌服务”的欺骗性，从而引发主流 IT 媒体的追踪报道，最终迫使惠普尴尬地向全国媒体发出公开信，对事情进行详细解释。

在 Web2.0 时代，大众掌握了信息的主动权，每个人都可以成为一家小型的媒体，每个人都可以从自己的角度对企业、品牌、产品发表自己的观点。而正是由于这种全面开放式的舆论自由时代的到来，使每一位网民都可能成为企业的潜在“杀手”。

> 网络媒体的开放性、互动性、蒙面性、全民性，使得信息来源几乎无法控制，信息的过滤难度极大，肆意的批评与攻击更为普遍。

网络媒体的开放性、互动性、蒙面性、全民性，使得信息来源几乎无法控制，信息的过滤难度极大，肆意的批评与攻击更为普遍。而 Web2.0 平台的出现，使“个人式媒体”进一步膨胀，全民皆博的时代正在到来。在一个完全可以以自我为中心的网络时代，信息传播的规则已经发生了深刻的变化——信息传播的权力、舆论的批评权力开始从机构向个人转移，“长尾”进入主流。企业要管理的舆论危机源头，将从个别高高在上的主流媒体，转变成千千万万草根式的“长尾”个人媒体——从舆论管理的角度，任何企业几乎不可能同时应对这千万家个人式媒体的攻击，传统的舆论危机管理应对策略在 Web2.0 时代开始失效。企业需要全新的危机应对思维。

“蝴蝶效应”使网络危机迅速扩散

在企业危机发生与演变中，有一个重要的现象被称为“蝴蝶效应”，是指当企业发生某一方面的危机事件时，如果未能在最短时间内进行强有力的控制，公众或媒体会自发围绕着此项危机进行延展或聚合，将企业其他方面的失误或危机都挖掘出来，将其变成企业的次危机现象。同时如滚雪球般，围绕着主危机，越来越多的次危机或次次危机将相继被揭出，最终形成一场影响力巨大的危机飓风。

当康师傅“水源门”事件爆发之后，重庆又爆出“标签门”事件，同时网络上也陆续有人举报出康师傅各种各样或真或假的丑闻，危机迅速显现出强烈的“蝴蝶效应”。

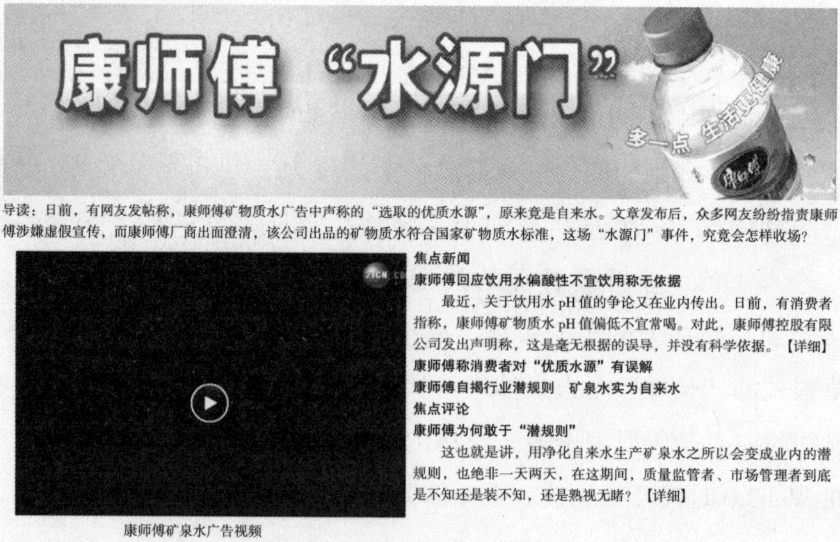

草根“杀手”的帖子引发主流网站报道的大规模跟进，
康师傅危机负面影响迅速扩大

作为一家大型的食品及饮料制造企业，康师傅旗下除了矿泉水之外，还有茶饮料、饼干、速食面等多种产品。如果此次矿泉水危机不能有效控制，继续向终端蔓延，将影响到普通消费者的信心（广州已经出现这种情况，由于消费市场反应强烈，康师傅已经大规模削价处理矿泉水）。一旦康师傅的品牌美誉度被强大的舆论彻底攻破，其他产品都将可能出现危险的连锁危机效应。

在“水源门”事件的影响下，康师傅旗下其他产品的缺陷都可能被媒体或网友挖掘出来，以此作为康师傅是“诓师傅”的力证。2007 年摩托罗拉手机发生爆炸，造成当事人死亡，此危机迅速产生强大无比的“蝴蝶效应”：全国各地不断有网民搜集并在网上公布、分享摩托罗拉手机爆炸的各种离奇案例。更有甚者，某主流门户网站以“摩托罗拉之殇”为主题，以手机爆炸事件为切入点，将摩托罗拉公司在过去近百年时间发生的各种丑闻、危机都做成了专题，以此力证手机爆炸之后摩托罗拉企业将“日落西山”。

当网民的肆意攻击成为一种全民娱乐时，企业再高明的危机管理策略都会显得苍白无力。

一条个人式的批评帖子为何会引发企业巨大危机？一个貌似简单的危机事件为何在网络发酵之后最终演变成企业无法收拾的危机困境？危机的“蝴蝶效应”是如何形成的？中国式企业危机的形成有两方面深刻的原因：一是不受约束的网络环境；二是法不责众的网民心理。

中国媒体环境特别是网络媒体环境正在走向全面的开放，网络媒体在传播正面信息的同时，也在成为孕育各种谣言、谎言和恶意攻击的温床。而出于提升自身关注度的需要，网络媒体对于离奇的、负面的、爆炸性的信息天然具有更高偏好度，默许网民借助其网络平台进行类似信息的传播，以达到吸引关注的目的。从某个角度看，网络媒体时时刻刻都是酝酿企业危机事件的重要源头——当一个机构拥有太高的自由度和过低的约束力时，一切的操守与道德都容易走样。当企业发生危机时，权力无边的网络媒体自然成为煽风点火、推波助澜的“帮凶”。在“水源门”事件发生之后，至少已有十多家有影响力的网络媒体专门推出了康师傅的危机盘点专题。

而造成危机“蝴蝶效应”的另一个重要原因则在于中国网民的从众与蒙面狂欢心理。中国已经是世界上网民最多的国家，同时也是网民平均年龄最年轻的国家之一，自由无边的网络为众多年轻人提供了一个肆意表达、发泄情绪、攻击他人的最佳场地。所以，当某家企业发生了危机事件，就为网民们提供了一个有针对性的攻击枪靶（尤其是如果这家企业或品牌平时不得人心），众人蒙面而上，群殴而退，最终只留下伤痕累累的企业收拾一地鸡毛。康师傅作为行业的领导者以及台资背景的企业，更容易成为网民攻击的对象。有数据表明，在网上最容易招受中国网民群起攻击的企业按顺序依次为日本企业、欧美企业、台资企业。

网络危机时代全面来临

传统媒体一向在民众心目中扮演舆论监督的角色，从而拥有强大的舆论引导力，其对事件的报道角度、报道口吻往往影响着民众对于企业或品牌的判断。而在大部分民众看来，网络媒体只是传统媒体的附属，其信息来源并不具备独立的制造体系，而且由于许多信息的来源完全是开放式管理，各种各样的消息、秘闻、传说等捕风捉影的东西充斥其中，可信度不高。

但随着网络对生活的全面入侵，网络媒体的迅速发展，网络媒体在舆论影响上的权力成倍增长。

2006 年中国网络暴力第一案——铜须事件，起因于网络游戏网站魔兽世界的最初报道。而曾经引起全社会高度关注的重庆“最牛钉子户”事件，也起因于重庆网友将相关图片放上天涯社区而引起关注。同样，2007 年让 LG 遭遇进入中国市场以来最大的危机事件——LG 翻新事件，也是源自于网络的负面报道。

2007 年年初爆出 LG 翻新事件的网络帖子，不仅通过文字非常详细地说明了 LG 翻新事件的前因后果、时间地点以及具体的进程，还附上多张实地拍摄的图片为佐证，俨然像一篇经过严肃调查取证的新闻报道，所以其所引起的关注不是一般的帖子可以比拟的。

在当下中国这样一个高度复杂的市场环境中，消费者的维权意识越来越强，而企业之间的竞争也达到白热化程度，针对企业出现某些负面报道或批评性的帖子并不奇怪。重要的是，在出现这种负面报道之后，企业应以什么样的姿态或态度去应对。在危机公关中，态度决定行为，而行为决定结果。很显然，LG 忽略了网络舆论的力量。

LG 虽然第一时间知道了此篇网络帖子的出现，但是对其可能带来的危机影响却估计不足。在 LG 看来，只有正规的媒体、正式的新闻报道式的批评才算是对企业有影响的危机事件，而像网络 BBS 上这种可能是恶意攻击的帖子，LG 方面置之不理，危机公关应对策略也迟迟不见启动，从而导致了此次危机一发不可收拾。

随着网络重要性的不断强化，网络媒体将更进一步摆脱作为传统媒体附庸的角色，在信息来源上更显独立性，并将从深度、广度、互动性上大大体现出其有别于传统媒体的优势。而更多有关企业的负面报道、负面批评、负面消息将可能第一时间出现于网络之上，如BBS、博客、个人论坛、专业网站、投诉网站甚至是个人式MSN签名等，传统媒体将反向从网络媒体中搜集新闻素材，从而去诠释、跟进、演绎、完成某一个新闻题材特别是危机事件的报道。

> 在网络时代，防范来自网络深处的舆论袭击，这是政府、组织以及企业进行声誉管理、危机防范的关键所在。

在网络时代，防范来自网络深处的舆论袭击，这是政府、组织以及企业进行声誉管理、危机防范的关键所在。

例如，亚马逊有超过一半的图书销售量都来自于在它的排行榜上位于13万名开外的图书；美国最大的在线DVD影碟租赁商Netflix公司有1/5的出租量来自于其排行榜3 000名以外的内容。为了解释这种现象，美国《连线》杂志的主编克里斯·安德森提出了“长尾理论”：只要存储和流通的渠道足够大，需求不旺或销量不佳的产品共同占据的市场份额就可以和那些数量不多的热卖品所占据的市场份额相匹敌甚至更大。

长尾效应不仅可以有效地解释市场营销中许多新的现象，而对于危机事件的发生，长尾效应同样显现出惊人的概括力。

对于这种新的危机发生现象，任何企业都不可忽视。但是在当下而言，绝大部分企业所关注的、监测的对象都只是传统媒体。在企业领导者的传统思维中，只有传统的主流媒体才是舆论的引导者、意见领袖的担当者。网络媒体，特别是门户网站之外的网络信息不是企业所要监控的对象。

但是，越来越多的影响力巨大的企业危机完全是以谁也无法预测的方式引爆——不是主流报纸义正词严的深入的新闻报道，也不是中央电视台式的严肃调查取证的焦点访谈，而是许许多多个人意见式、感受分享式、调侃式、揭露提醒式的小帖子、邮件或博客文章，使某些事件迅速成为民众关注的焦点，并引来传统媒体的大规模介入。从央视主播芮成钢博客批评星巴克、网友天涯贴出“史上最牛钉子户”到此次 LG 翻新事件，我们可以明显地看出这种趋势。

在网络时代的危机事件中，信息传播的长尾效应将越发明显——非正规式网络信息成为企业危机的最主要来源。而毫无疑问，许多企业显然忽视了这种趋势，不幸成为受害者。

网民一生气，后果很严重

2008 年 9 月 3 日，百度搜索的关键词显示，中国互联网上最热门的词汇已经从“俯卧撑”变成了“谢亚龙下课”。中国男足在奥运会上的恶劣表现，使谢亚龙所领导的男足几乎成为全民嘲笑的对象，成为中国体育比赛项目的耻辱。

2008 年中国发生了太多不正常的事，唯独中国男足的表现没有令人意外。

当中国男足兵败奥运会小组赛狼狈不堪地退场时，当男足队员开房事件闹得沸沸扬扬时，当“十二生肖版”的男足恶搞视频、各种各样挖苦嘲笑在网上铺天盖地流传时，中国男足输掉的不仅仅是比赛，更是民心。

作为一项体育竞技项目，不管比赛结果是输还是赢，人们完全可以坦然接受。作为中国弱势体育项目的男子足球，民众其实对其寄托的取胜希望并不大，但大家希望看到男足队员们能够踢得“像个男人”，即使是输也要输得无怨无悔。可惜的是，中国男足屡屡被曝光的种种负面事件，使男足蒙上了一种前所未有的恶劣形象，在这种恶劣形象笼罩之下，中国男足背负着一个沉重的精神十字架艰难前行。在强烈的媒体聚光灯与公众的挑剔眼光之下，组织或个人的点滴失误都可能被无限地放大，最终形成一种巨大的舆论攻击浪潮。在“谢亚龙下课”成为2008年最热门词汇的背后，涌动着无数网民对中国男足的无奈、愤怒、嘲笑以及指责，这不仅仅是谢亚龙领导的中国男足的耻辱，更是中国男足公众形象的全面失败。

生气的网民推出各种各样的恶搞中国男足的作品，使男足置身于一个负面的舆论环境之中

从中国男足深陷舆论困境的事例，我们可以看出，在Web2.0时代，企业正面临着全新的危机管理的挑战。

缺乏危机应对策略，男足输球输人心输未来

由于缺乏有效的媒体沟通意识与公共关系传播技巧，中国男足比赛不断输球，更是在媒体铺天盖地的负面报道中输掉人心。特别是网民们一轮又一轮对其进行讨伐，中国男足几乎成了中国体育项目失败的标杆以及窝囊的代表。

面对着强大的网络舆论批评以及网民声讨，中国男足几乎是无所作为或者说无力招架——我们没有看到足协或男足面对网络铺天盖地的恶评有些许回应或者遏制。正是这种对网络民意完全无动于衷的迟钝，使中国男足面临比输掉比赛更严重的后果——强大的网络负面舆论使中国男足的市场价值全面下降。

> 网民一生气，后果很严重。对网络民意完全无动于衷的迟钝，使中国男足面临比输掉比赛更严重的后果——强大的网络负面舆论使中国男足的市场价值全面下降。

在许多国家，足球运动是一项最吸引眼球、最赚钱的运动赛事，中国同样不例外。中国男足的收入除了球队冠名之外，还有球场广告、球衣广告、门票收入分成、球员买卖和租赁、体育用品专营、项目专项赞助等来源。足球俱乐部就是围绕这些赢利点来开发足球市场，维持俱乐部的经营和运转的。国外足球俱乐部的商业化程度更高，赢利点更多，一个俱乐部就是一台赚钱机器。

中国足协是中国足球的法定管理机构，它只有两块“广告位”：一块是国际比赛上的主场广告。战绩越好，赞助位越多，打了预选赛，还有“十强赛”，还可以到亚洲杯、世界杯、奥运会赛场上设置广告位。另一块是“中国之队”的主冠名权和联合赞助权，足协把国家队、国奥队、青年队几支球队，打成一个包，称之为“中国之队”，来吸引商业赞助商。但恶劣的男足品牌形象，将使商业赞助商们敬而远之。

Web2.0 时代，网民一生气，后果很严重。这无论对于中国男足还是企业来说，都是一样的。企业要顺利发展，必须重视引导网络舆论的走向，为企业发展创造一个良好的舆论氛围。

警惕舆论危机的“破窗效应”

“破窗效应”是美国斯坦福大学心理学家詹巴斗所提出的一个重要理论。他曾经进行一项试验：将一辆汽车放在一个中产阶级聚居的社区中，摆放了一个星期完好无损。后来，詹巴斗用锤子将那辆车的玻璃敲了一个小洞，很快便有人在另一边也敲了一个洞，接着车子前窗也被人敲破，再接着门被人踢坏……第二天晚上，车子不见了。

以这项试验为基础，詹巴斗提出了一个“破窗效应”的假设：如果有人打烂了一个建筑物的窗户玻璃，而这扇窗户又得不到及时的维修，别人就可能受到某些暗示性的纵容去打烂更多的窗户玻璃。久而久之，这些破窗户就给人造成一种无序的感觉。最后，在这种具有强烈暗示性的氛围中，攻击性的行为就会逐渐滋生、繁荣，并成为一种主流，甚至成为一种值得炫耀的行动。

数年前，虽然中国男足在球场上无所作为，作为主流媒体舆论认为应该多给他们些时间，并找出国内足球人才培养的匮乏、刺激性制度未有力生效等原因为其辩解。在这种具有明显保护性的舆论氛围中，中国男足虽屡战屡败，但在公众心目中，中国男足队员仍然是值得支持的英雄式人物，对他们偶尔的质疑也很快被这种保护性的言论所淹没。

从舆论传播学的角度看，舆论是风，而受众就是麦穗，风吹向哪边，麦穗就倒向哪边。所以，在某个时间节点上，当男足的表现一如既往的糟糕透顶，且队员本身的行为与道德操守不断遭到诟病，主流舆论开始转向，从保护转向警示、批评甚至是严厉的指责时，中国男足却懵然未知，以为是公众的一时情绪发泄而已。他们不知道的是，在“破窗效应”下，一个可怕的反面舆论螺旋浪潮正在形成——当某家媒体或某个e见领袖发表了一篇针对男足的切中肯綮的强烈批评，并且引来网民的共鸣与回应时，更多的媒体、更多的e见领袖、更多的网民开始从各个角度加入到批判男足的浪潮中，批判男足的狂潮开始自发形成。

“破窗效应”的出现，将男足彻底置身于舆论批评的狂潮之下，男足品牌市场价值直线下降

而在负面舆论形成的过程中，关于足协的内幕（如黑箱操作、官僚化）、男足赛场上的恶劣表现（如踢人）、男足队员本身的种种花边新闻（开房、打人、傲慢等）或负面事件的曝光，加上足协在公共关系沟通以及舆论管理方面的无所作为，导致各种各样负面议题迅速形成并且集结。许多网站上设立了嘲笑男足的网络专题，这些议题犹如一个个具有强烈吸引力的旋涡，吸引了更多原本不关心男足甚至是支持男足的人加入到批判男足的队伍中来。

在这种强大的负面批评浪潮之下，任何反对的意见都是苍白无力的。在这一阶段，任何人发表任何支持男足的意见或观点，必然会受到新一轮的攻击与踩踏，“破窗效应”下所谓的舆论形成一种“沉默的螺旋”——人们在面对一些想法和观点的时候，如果发觉某一观点无人或很少有人理会，即使自己赞同它，也会保持沉默。一方的沉默造成了另一方的增势，如此反复循环，便形成了一方的声音越来越强大，而另一方越来越沉默的螺旋发展过程。当网民扔出舆论批评的第一块砖头时，男足保护论的氛围被打破，男足在 Web2.0 时代的舆论困境中开始越陷越深。男足在 Web2.0 时代所陷舆论困境也是所有企业可能遇到的，值得企业高度警惕。

注意！“网络打手”出没

2008 年 7 月，中国杀毒软件商奇虎 360 宣布推出免费杀毒软件，这一举动触动了许多杀毒软件商的利益，一场悄无声息的网络围剿战就此打响。

某知名杀毒软件厂商在其拥有的多个杀毒平台以及众多国内媒体上发布了《360 杀毒“暗杀”个人防火墙》等文章，并广泛传播对奇虎 360 不利的言论。

在接下来长达 3 周的时间里，中国多个著名的论坛首页显要位置均被“反奇虎”的文章占领，文章中多有诸如“流氓”、“暗杀”、“骗局”等词语，对奇虎 360 和周鸿祎进行恶意评论。

“网络打手”的疯狂涌现使竞争对手之间互相攻击成为常态，网络危机事件一触即发

除了这种直接攻击文章之外，一些表达较为隐蔽的文章也适时地出现了。当奇虎传出 360 安全卫士的缔造者傅盛、技术总监徐鸣离职等消息之后，一篇以“360 离职员工”名义发表的帖子“360 可以为了钱沦为流氓软件”迅速在网上传开。这篇帖子以恋恋不舍的口吻叙述了自己如何在奇虎度过了两年的时间，“揭露”了奇虎 360 免费杀毒软件的内幕，“提醒”网民奇虎要做弹窗广告，“声讨”周鸿祎将 360 带回 3721 时代。

这篇攻击奇虎 360 的帖子在新浪博客等多个知名论坛上都能看到，且其回复是一模一样。文章以情动人，借口傅盛的离职，假冒其下属写了这一篇文章，文章重点从弹窗广告着手进行攻击，对之前 360 对用户所做的善举进行哀哭，进行了一场精彩的情感营销。从整个攻击的策略来看，背后离不开一批专业“网络打手”帮其出谋划策，奇虎被打得几乎无还手之力，直至将操作此事的竞争对手和中关村在线告上法庭，这场“闹剧”才暂时告一段落。

无独有偶，2006 年 7 月 10 日，百度对公司企业软件事业部的员工宣布该部门解散，要求员工在当天下午 6 点之前离开公司，邮箱关闭，交回笔记本电脑等办公用具。

7 月 17 日左右，网名为“公司凶猛”的网民在某论坛上上传了百度内部的“告全体员工书”，这名博主自称是百度 ES 部门被裁的员工。很快，许多媒体通过百度的员工博客知道了此事，并开始密切关注。

在百度宣布裁员之后，百度竞争对手——搜狐公开发出“邀请”，以希望维护被裁员工利益的名义，邀请百度被裁的员工来搜狐“开博”，公开向百度叫板。双方的公开口水战立即爆发，各方数百名“打手”日夜不停地在不同的论坛上开展口水大战，百度裁员危机由此不断升温。

在过去三年时间中，国内互联网已经形成了庞大的势力群体，这个群体多以公关公司或营销公司的面目出现，他们明里打着“论坛营销”或“网络营销”的幌子，实际上却在帮助某些企业打击异己。仅在北京，从事“网络打手”生意的公关公司就多达数百家。

更可怕的是，这股势力几乎控制了国内所有的主流论坛，在全国各地拥有数以万计的兼职员工，并收买了大量的论坛版主。为了钱，“网络打手”可以把白说成黑，把黑说成白，能决定一个企业的生死，也能轻易让一个人身败名裂。

搜索一下关键词“网络打手”，很容易搜索到一家名叫壹网（化名）的公司。壹网的业务内容除了在各大论坛维护客户的正面形象之外，还参与攻击客户竞争对手的产品及形象。事实上，过去发生在杀毒企业之间的多起口水战中，壹网就充当了很不光彩的角色，它还因攻击性而被指责为“网络打手”，并引起法律纠纷。

根据壹网自己的宣传，其公司拥有监控 10 万个论坛的能力，拥有壹网人的营销队伍，拥有独到的网络言论监控系统，可以第一时间提供网络言论的监控报告，同时对相关言论作出反应。有夸张的说法称，壹网旗下拥有分散在全国各地的“三万水军”——在全国聘请 3 万多名兼职网民进行舆论操控，如发帖、顶帖、回复、制造假新闻、攻击竞争对手等。

壹网之类网络传播公司的大肆成长，使中国互联网舆论环境进入一个更加复杂的环境，恶意的攻击与打击使企业的危机事件频发。警惕“网络打手”的恶意攻击，这是企业和组织在新市场环境下防范危机的重要工作。

案例解读：达能与娃哈哈的网络“打手”大厮杀

2007 年，中国市场上演了一场并购与反并购的“国际影片”：“电影”主角就是法国达能集团董事长弗兰克·李布和娃哈哈董事长宗庆后。

达能与娃哈哈从合作到反目，中间整整经历了十年时间。一家是世界知名的饮料集团，而另一家则是中国市场销量领先的饮料集团。当初二者的联姻曾使不少人为之欢欣雀跃，期待着一桩技术换市场、利润换管理的跨国婚姻能够给中国饮料行业带来新的生机。

但是十年之后，两个曾经被寄予厚望的合作伙伴却反目成仇，一方以法律诉讼为矛，另一方则以民族情结、国家利益为盾，毫不留情地进行攻击对抗。这场旷日持久的“口水仗”引发多方关注，双方掌门人除了公开指责对方的不是之外，在网络深处，更引发了一场“网络打手”间兵不血刃的“厮杀”。

在达能亮出法律武器向娃哈哈步步进逼之时，宗庆后毫不示弱，坚决地给予回击。他同时也知道，如果单纯在法律的框架中与达能对抗，娃哈哈是凶多吉少，所以娃哈哈必须独辟蹊径，用新的策略回应达能的挑衅。于是宗庆后举起了保护民族产业、宣扬民族情结的大旗，并广泛启动网络媒体舆论的能量，工会、职工代表、销售代表、经销商、学者、普通网民等各种利益相关者连续发表声明，大造网络舆论。

由于从2006年下半年起警惕外资并购、保护民族产业就一直是社会上非常热门的话题，娃哈哈很聪明地选择了利用舆论优势来为自己争取有利地位，尤其是网络舆论。而据内部消息透露，娃哈哈为了在网络舆论上压过达能，不惜巨资聘请第三方网络炒作公司在网上制造话题，指责达能是如何不遵守商业道德，它在中国的目的就是为了搞垮中国企业，同时将娃哈哈描述成一个被压迫的弱势群体。

在第三方公司的运作下，网上支持娃哈哈、保护民族品牌的言论大量出现，各种各样的“网络打手”轮番上场，声浪一阵高过一阵，很快平面媒体也介入报道，从舆论上支持娃哈哈。

当前位置：TOM首页〉 新闻首页〉 财经新闻〉 正文

娃哈哈积极应对并购　保护民族品牌赢得支持

http: //news. tom. com　2007年07月20日　15时31分　津报网－城市快报

关键字：娃哈哈　达能　并购

【新闻背景】

1996年，娃哈哈与香港百富勤、法国达能集团共同出资建立5家公司，生产以娃哈哈为商标的包括纯净水、八宝粥等在内的产品。娃哈哈持股49%，亚洲金融风暴之后，百富勤将25.5%的股权卖给达能，达能跃升到51%的控股地位。当时，两家签订娃哈哈商标转让协议

在“网络打手”的助攻下，娃哈哈抢占了舆论高地，赢得媒体舆论的支持

而就在娃哈哈攻势强劲时，达能也开始派出“网络打手”进行回应。达能“网络打手”在网上发帖直指娃哈哈不遵守十年协议，没有契约精神。

很快，网络上出现几种新的说法，娃哈哈的做法确实违反了合同的约定，一部分网民开始从同情娃哈哈转向认同达能，也有人认为这是政府部门失职。从舆论形成的角度分析，此乃达能声东击西之法，派出大量“网络打手”同时攻击多个部门，从而制造多个焦点，分散注意力，避免被娃哈哈引发的民族情绪不断升温而使达能成为众矢之的。

链接：引发网络危机的十大“杀手”

客观而言，由网络媒体引发企业危机的成因纷繁复杂。在此归纳制造危机的十大“杀手”，不可能将所有原因一网打尽，但它们可视为主流的“罪魁祸首”。

转移潮：这一类危机可以称为传统媒体的转移效应。当传统媒体制造出某种企业危机后，网络媒体开始跟进，个别激进的媒体甚至会制作相关专题，不仅将企业历年来的危机“数罪并提”，而且邀请专家学者进行点评、开放讨论等。饶有意味的是，现在网络媒体制造的危机也会形成对传统媒体的转移，因为越来越多的传统媒体开始在互联网上寻找新闻热点和报道素材。

受气包：当消费者因为产品缺陷或企业服务差而倍感郁闷，或在双方沟通中继续遭到不公平对待时，忍无可忍的“受气包”就会揭竿而起，利用各种渠道讨伐相关企业。而网络媒体因为天然优势，成为这一类消费者不屈不挠、奋战到底的重型武器。LG 翻新事件和戴尔“换芯门”事件，就是此类危机的代表事件。

英雄欲：此类危机多以名人或著名的草根英雄欲为根基，他们意图通过对企业的发难彰显一种英雄气概。芮成钢对故宫星巴克的讨伐，可以作为典型案例。饶有意味的是，网络媒体编辑或版主也有自身的英雄欲，他们为吸引更多人关注，摇身一变成为标题党。事实上，某些企业的危机正是从耸人听闻的标题开始的。

泄私愤：与受气包的真委屈相比，泄私愤的网民大有一股无事生非的浑劲和彪悍。他们会因为一己之愤，借助网络平台，对企业展开“持久战”。如某汽车业内人士因为自感上汽荣威对他“不够意思”，一段时间内在自己博客里和相关论坛对上汽进行疯狂攻击。更有甚者会组建相关流氓网站，肆意对企业进行批评。

恶搞风：当下网络流行一种审丑文化和恶搞风潮。对企业的恶搞行为，并非意味着实施者就是居心叵测，更多的是一种好玩和游戏的心态。但企业一旦和恶搞联系在一起，就会有激发危机的危险，至少对品牌声誉是有负面影响的。就像《一个馒头引发的血案》对影片《无极》的恶搞，最终还是影响了其票房和口碑。

对手攻击：在攻击式营销、攻击性传播大行其道的今天，来自竞争对手的冷枪，在网络空间更可以大展拳脚，酣畅淋漓。这时候企业要警惕的，不仅是危机的影响和扩散，更要注意其背后的体系化操作。在《蒙牛内幕》一书中，作者就为我们呈现了蒙牛的竞争对手对其恶意诽谤的惊悚案例。

反戈一击：与竞争对手的攻击相比，来自内部员工的反戈一击更为致命。不仅是由于他们掌握更为翔实的资料信息，也在于内部反水本身就有极大的负面影响。当企业在裁员、并购等敏感节点时，内部的反戈一击总是会频频出手。

文化冲突：这一类的危机基本都来自于跨国公司，也大多因为某一则广告而引发。文化差异最终会造成观点的冲突，并导致一场危机的发生。肯德基、立邦漆、耐克等品牌，都曾深陷广告门危机。而危机的源头，多来自于网民的批评。

谣言惑众：网络上存在无缘无故的爱，也存在无缘无故的恨。有时候，一些没有任何根源的谣言，会在网络媒体中蔓延。对于那些与健康、安全相关的企业或产业而言，一旦和谣言牵扯上，简直就是一场灾难。2007 年有关香蕉含 SARS 病毒的谣言，通过手机短信和网络掀起风波，对香蕉产业造成沉重打击。

民族情绪：民族情绪是真实的存在。因某种历史原因或突发的国际事件，消费者会对某一国家属性的企业和产品有一种文化和心理上的强大敌意。在网络媒体上，民族情绪可谓一点就着，它会迅速扩大危机的杀伤力。近年来，日本企业在网络媒体中遭遇的危机事件经久不息，民族情绪也是推波助澜的原因之一。

（资料来源：《制造网络传播的十大杀手》，黄明胜，宣亚公司网站）

第二章

十大典型企业网络危机事件

2008 年中国市场上的企业危机事件告诉我们：一个 Web 2.0 时代的企业危机公关时代正在来临。网络舆论对于危机事件的引发、推动、扩散起到了非常巨大的作用，几乎每一次危机之火都与网络传播密切相关。

2008年是不平凡的一年，太多喜与悲交叉在一起，太多的光荣与耻辱并相到来。对于许多企业家而言，这一年将是值得深刻反思的一年：血与火的教训让所有人认识到不确定性环境下企业危机的可怕。

与往年不同的是，2008年中国市场上的企业危机事件呈现出一个明显的特点：无论是危机的兴起、扩散还是深化，背后都有明显的网络推动的痕迹，众多的网民在有意或无意间扮演了企业的“杀手”。一个Web2.0的企业危机公关时代已经全面来临。

案例一：恒源祥十二生肖广告危机风波

事件主角	恒源祥	发生时间	2008年2月
危机类型	广告事件	危机指数	★★★

从2008年2月6日除夕夜开始，著名毛纺品牌“恒源祥”的一则电视广告在全国多家电视台黄金时段播出，1分钟内，广告背景音从“鼠鼠鼠”一直叫到“猪猪猪”，把十二生肖叫了个遍，其单调的创意和高密度的播出，遭到了许多观众炮轰，这则“很牛很暴力”的广告极大地考验了观众的忍耐力。

广告播出伊始，有人以为是电视机“卡带”了，有人甚至以为是电视机“中毒”了，后来，就有人“有了撞墙的冲动”。

自成为北京奥运赞助商以来，恒源祥公司感觉压力很大。奥运会其他赞助商和合作伙伴都是世界或中国的顶尖企业，财力雄厚，而恒源祥在这个行列里只能算是个小企业；此外奥运会历史上还没有羊毛和羊毛衫这个行业的赞助商，他们没有任何案例可以借鉴。所以，恒源祥一直思考着如何借助这次赞助的契机迅速打响品牌。

据数据显示，恒源祥 2006 年的销售额约为 45 亿元，但恒源祥自己不从事生产和销售，靠品牌输出赢利的恒源祥利润总额并不丰厚，规模的进一步扩大也将带来更多的管理压力。另外，这家 2001 年由国企转制的民营企业，直到 2005 年底，才还清因转制欠下的所有债务。而此次恒源祥赞助奥运，其代价相当于“再买一次恒源祥”。

这一财务状况令恒源祥决定必须将每分钱都花在刀刃上。为了尽力压缩成本，创造“令人记住”的传播效果，恒源祥最终决定了采用重复、持续，宁愿被骂也不能被忘记的十二生肖广告。

网络危机的扩散

广告播出之后，无数的网民开始在网络上痛批该广告，有人说它简直让人无法忍受，还有人说它是自己见过的最差广告。网上开始出现了一批模仿这则广告的搞笑作品，其中一个是一只山羊出现在新闻发布会上，向“所有人——广告中出现的动物、顾客、他们的家庭以及中国的每一个人”表示道歉。

恒源祥十二生肖广告播出之后，网络上掀起大规模的恶搞与批判的风潮，恒源祥的品牌声誉受到严重挑战

网络批评的浪潮是如此高涨，不仅所有重要的门户网站、论坛、博客都加入了声讨，传统媒体也是众口齐声地对恒源祥进行批评，强大的舆论负面浪潮让恒源祥开始坐立不安。

2008 年 2 月 17 日，恒源祥召开新闻发布会，宣布停播这则广告，并为此向观众道歉。

很快，网络上强大的舆论批评浪潮就从虚拟空间开始走向现实，百度贴吧上有人建立了“抵制恒源祥大签名”的帖子，迅速得到大量网民的支持。

新浪网所做的调查显示，在 1 563 名受访者中，有 61.7%的人对恒源祥广告持“排斥”态度，近七成公众将用弃买行动抵制恒源祥的恶俗广告。

危机案例评点与分析

作为一家有几十年历史的民族品牌，恒源祥想借北京奥运会之契机提升企业的影响力与知名度，这是可以理解的。十二生肖广告的推出反映了恒源祥希冀通过与众不同的策略一炮成名的愿望。可惜的是，这种独辟蹊径的方式只是部分实现了恒源祥的愿望——品牌知名度急剧上升（负面的知名度），但美誉度却因此大受影响。

百度贴吧〉 恒源祥吧〉 浏览帖子

添加到搜藏 | 快速回复

共有帖子数 101 篇　1 [2] [3] 下一页　尾页

1　抵制恒源祥大签名

大家一起抵制这个猥琐的牌子

恶心的品牌不要玷污了整个中国的形象!!

作者：218. 80. 211. *　　2008-2-14　14：48　回复此发言

2　抵制恒源祥大签名

顶啊 ~~~ 坚决不买

MD　从 3 个羊羊羊　发展到 12 生肖

以后再整个水浒 108 汉

还活不活了啊

作者：218. 4. 198. *　　2008-2-15　06：11　回复此发言

网民自发组成抵制恒源祥的联盟，事件从网络上的调侃演变成企业危机

企业知名度与美誉度就如硬币的两面，纯粹为了知名度的提升而舍弃美誉度的建设，对于企业长远来说肯定得不偿失。恒源祥“雷人”的十二生肖广告的推出，本意是希望获得关注度，但却忘记了危机的种子也隐藏在这急剧上升的知名度背后——汹涌的批评、自发的抵制将使恒源祥此次奥运赞助之举得不偿失。

案例二："艳照门"：洁尔阴的明星代言危机

事件主角	洁尔阴	发生时间	2008 年 2~3 月
危机类型	明言代言事件	危机指数	★★★

2008 年以来，除了南方的雪灾和四川地震，似乎没有任何一件事比陈冠希"艳照门"事件更为轰动——无论是作为社会新闻、娱乐新闻还是广告新闻，其所带来的震动效应是惊人的。抛开对性、明星、艳照、道德层面的纠缠，由于诸多已成为企业代言人的一线明星被卷入其中，所以"艳照门"事件给许多企业带来严重的困扰及舆论的风波。

随着"艳照门"事件的愈演愈烈，越来越多的女明星被卷入其中，"艳照门"事件的几位主角陈冠希、钟欣桐、张柏芝等原本都是广告小天王、小天后，代言了百事可乐、森马服饰、曼秀雷敦化妆品、EPSON 打印机等众多知名品牌。"艳照门"事件爆发后，网上出现了大量抵制陈冠希、钟欣桐等人所代言产品的"召集帖"，所有"艳照门"明星代言的广告品牌都面临着考验与危机。

中国百事可乐的广告板上撤销了艺人陈冠希的形象广告；惠州某休闲品牌发表了停用陈冠希广告声明、迪斯尼也撤下了 TWINS 原有的广告片、女性洗液产品洁尔阴因其代言人张柏芝成为"艳照门"的主角，更是面临严重的舆论压力。

聘请明星代言进行市场推广已经成为一种普遍性的市场营销方式，但对于企业而言，明星代言的收益与风险是并存的。如果明星影响力不断提升则可能使品牌随之受益；反之，如果由于明星个人的道德缺失、行为不端导致其形象受损，则可能给企业品牌带来负面的影响。在这种情况下，企业就必须迅速采取措施进行危机管理，否则将可能随着时间的推移，使舆论不断朝着恶化的方向发展，最后给企业和产品销售带来难以估量的损失。

一发不可收的“艳照门”演变成为一场企业明星“代言门”事件。

网络危机的扩散

“艳照门”事件发生后，网民发布了大量抵制张柏芝等人所代言产品的“召集帖”，恩威制药聘请张柏芝代言洁尔阴产品并在电视媒体中播出广告，也受到了部分网民的抵制。许多网友指责恩威制药为利益纵容无良行为，通过电视媒体播出，是对大众的不尊重，是对社会公德的蔑视。网上甚至开始流传一段经过网友改编的“张柏芝版洁尔阴广告”，内容换作了与“艳照门”相关的恶搞和调侃。

受“艳照门”风波影响，洁乐阴代言人张柏芝名誉受影响，并引发一场品牌危机

重庆一些平面媒体也接连收到读者的热线投诉，希望媒体呼吁停播

该广告。迫于沉重的舆论压力，恩威集团无奈地决定将张柏芝版洗液广告片在播出一个月后正式在全国近70家电视台停播，取而代之的是一段仅10秒的全新广告片。

危机案例点评与分析

在新的市场形势下，如何防范明星代言引发舆论风波对于企业来说具有实质性意义。明星代言引致的危机事件可能来自多方面，比如广告代言明星被曝道德、行为不端引发公众的批评。

虽然明星代言的危机事件对企业的影响不如产品质量问题那样严重，但明星品德的缺陷会影响到品牌的美誉度。在网络传播的助推下，众多网民群起而攻之，将使得负面舆论持续走高，从而最终给企业品牌造成严重伤害。所以，明星代言引发的危机事件管理，重点还在于管理舆论的走势，如低调处理，积极准备应对说辞，加强论坛管理，引导舆论话题以及强化产品正面信息传播都是有效的方法。

案例三：东航返航事件引发的信任危机

事件主角	东方航空	发生时间	2008年3月
危机类型	企业信任危机	危机指数	★★★★★

2008年3月31日，中国东方航空云南分公司的14个从昆明起飞的

航班，在同一天出现了临时返航事件。

14 个航班分别飞往大理、丽江、版纳、芒市、思茅和临沧等地，这些航班在到达目的地上空后，乘客被告知无法降落并折回昆明，导致昆明机场更多的航班延误。被耽搁行程的旅客，在昆明机场对此表示极为不满，纷纷要求退票或改签。

事发之后，东航坚称是天气原因让飞行员集体返航，但很快就被证明：这是一起飞行员以集体“罢飞”来维权的行为——飞行员不满公司现有的待遇，在与公司协商无效的情况下，采取了有组织、有预谋的“罢飞”要挟公司管理层的极端措施。

“返航”事件一石激起千层浪，网络上对其铺天盖地的指责和批评汹涌而来，一场重大的东航信任危机随即到来。

网络危机扩散

在返航事件发生的一周内，东航对外声明自我矛盾、危机管理混乱不堪：先是对外界的质问闭口不答，继而称是天气原因造成飞行员返航；而在央视《新闻联播》对其提出严厉质疑与批评之后，东航仍然以天气原因为由解释飞行员的返航事件，公司领导与飞行员达成统一口径，共同对外隐瞒事实。在民航总局介入调查事件之后，东航终于承认错误，承认返航事件存在“人为因素”。

作为一家大型的央企、上市公司，东航这次发生返航事件以及在返航事件之后所做的一系列错误的举动，对东航的品牌造成重大打击，一股巨大的信任危机迅速在网络上掀起。

据网络调查，高达62.4%的网民表示将不再选择乘坐东航的班机，67%的网民表示对东航的企业管理能力与飞行员的职业道德产生怀疑。而不少乘客更是表示，宁愿高价选乘其他航空公司的航班。“返航事件”的直接负面影响将在短期内表现为东航乘客减少，公司赢利下滑。长远来看，则使公司美誉度受损，投资者信心减弱，并可能影响其在资本市场上的成长。

在中国主流强势媒体的强烈批评以及网络负面舆论对民意牵引之下，东航几乎成为公众心中一个“公敌”、一个罔顾公众利益的、管理混乱的公司，一切与东航相关的产品、品牌、服务，都可能因这次事件而受累。强大的网络负面舆论裹挟着巨大的破坏力，足可以将东航辛辛苦苦建立起来的品牌价值、公众信任、企业美誉度倒退5年，甚至是10年。

危机案例点评与分析

危机可以分为多种等级。一般性的产品故障、服务故障属于初级危机，企业只要对事故发生的原因进行详细说明、道歉，对公众利益给予相应的补偿，基本上可以化解危机。而像东航的“返航事件”则已经由单一服务事故升级至集体事故——公众借某一种服务事故的发生，透视出提供服务的企业存在的严重问题，继而产生强烈的不信任感，这就是东航危机事件所引发的“陌生人的敌意”。

在社会心理学家看来，当企业危机发生时，公众往往对企业会产生一种被称为“陌生人的敌意”的怀疑与警惕心理。

“陌生人的敌意”是引致恐惧、防范、攻击和冲突的一个重要的心理根源，意指公众对企业会有一种防范陌生人般的敌对情绪。正是这种弥漫于公众中的天然防范心理，会使得突然爆发的企业危机事件迅速超出单一服务事故、产品问题等引致危机本身的范围，蔓延成一场公众对企业或行业严重的信任恐慌。

在来势汹汹的危机狂潮中，东航要有效化解“陌生人的敌意”，已不是简单对外发布一份声明、做一次飞行员职业道德宣誓秀或草草向公众道歉就可以成功的。东航必须是在正视“陌生人的敌意”危机的深层破坏力基础上，从策略高度入手，综合考量此次危机的多方面影响，从而改善从点到面、从战略到战术的全方位危机管理。

案例四：玖龙纸业陷入“血汗工厂”事件

事件主角	玖龙纸业	发生时间	2008 年 4 月
危机类型	企业社会责任危机	危机指数	★★★★

2008 年 3 月至 4 月，SACOM（大学师生监察无良企业行动）与香港大学生调查员多次前往深圳、东莞等地调查，目标即为港资工厂。此次调查中，以玖龙纸业为首的“血汗工厂”浮出水面。SACOM 是一家主要由香港地区大学师生组成的民间团体，以监察企业不当行为为己任，针对企业侵犯工人权利、安全健康、福利及尊严等行为开展倡议运动。

在这份名为“2008 年首季香港上市企业内地血汗工厂报告”中，5 家企业“上榜”。女首富张茵旗下“玖龙纸业”（02689.HK）赫然在列，被直指为“港企之耻”。

网络危机传播

这份报告公布之后，网络上掀起了针对玖龙纸业强烈的批评浪潮，各大主流网站都做了专题，对事件进行深入的报道与追踪。

同时 SACOM 也在网上发布呼吁，要求玖龙纸业集团主席张茵立即引咎辞去全国政协委员的职务。另外 SACOM 向玖龙纸业的主要投资人富达投资、汇丰资产管理、摩根大通等机构发出呼吁，以抛出和拒绝购买玖龙纸业股票等方法，向该企业施压，直至工人的工作条件得到改善。玖龙纸业危机全面爆发。

危机案例点评与分析

危机发生之后，玖龙纸业迅速行动，一方面跟SACOM进行沟通协商，另一方面召开新闻发布会，邀请全国主流媒体记者与会，向媒体“诉苦”并解释事件的原因。

从舆论危机的处理上，玖龙纸业的新闻发布会似乎并没有收到多少效果。从会后的媒体报道来看，媒体记者对于玖龙纸业的解释并不太接受，出于支持弱者及员工的角度，多数媒体依然批评玖龙纸业一些缺乏人性关怀的生产环境与制度，玖龙纸业的危机传播持续不断。

在此次危机管理上，玖龙纸业唯一的亮点就是得到广东省总工会的支持，总工会最终出具的关于事件的正面调查结论对平息舆论以及负面扩散起到了关键作用。在中国市场环境下，政府部门的支持或定论对于企业平息危机具有极其重要的意义。

案例五：玫琳凯政府公关泄密事件

事件主角	玫琳凯	发生时间	2008年4月
危机类型	企业形象危机	危机指数	★★★★

2008年4月26日，天涯等网络论坛上，流传着一篇名为“玫琳凯泄密资料之政府公关机密记录档案”的帖子，帖子中公布了数百位获赠

玫琳凯化妆品的人员名单及其详细个人信息，涉及广东省广州市等地的工商、税务、公安等部门在职人员，甚至包括电视、报纸等媒体人员。帖子还详细列举了每个人获赠产品的清单以及金额。

该帖以表格的形式呈现，分别由“姓名、单位、职务、部门、礼品种类、电话 / 手机、性别、大约年龄”等栏目组成。单位一栏赫然有包括广东省工商行政管理局、广州市工商行政管理局、广州市国家税务局、广州市公安局等数家单位在内的几十个部门，甚至包括电视、报纸等部分媒体。所含的地区除广州市以外，还包括深圳、佛山、珠海、惠州等几乎所有的广东省内城市，所涉及具体人员达 248 人。

针对此事，玫琳凯（中国）化妆品有限公司发函表示，此事是该公司离职员工邱某所为。由于邱某离职时跟公司发生矛盾，故获取公司的内部资料，并利用网络论坛散布这些政府机关人员的个人信息。随后，玫琳凯化妆品公司方面报警，警方通过 IP 地址调查发现邱某在汕头。之后，汕头警方对邱某进行调查处理。

网络危机传播

由于该名单涉及内容的敏感性，所以一在网上公布，立即引来多方的关注。不仅各大网站进行疯狂转载，平面媒体也开始追踪报道。玫琳凯幕后的政府公关引发了一场不小的危机风波。

自从名单在网上公布之后，玫琳凯的知名度急剧上升，针对此事的讨论与谴责的帖子遍布各大论坛，玫琳凯的声誉受到了不小的影响。更为严重的是，由于网络舆论的高涨与涉及内容的敏感性，相关的政府监管部门也开始对事件进行调查，受此危机事件的影响，玫琳凯的政府公关与关系建设受到很大阻力，这必然对其在中国市场下一步的发展造成影响。

危机案例点评与分析

从危机的角度，这次玫琳凯危机事件可以视为政府公关的“破产”。虽然国人向来讲究礼节，礼尚往来被视为人际交往的准则。但可惜的是，玫琳凯把一种属于潜规则的东西变成了公开的内容，必然引发舆论的危机。

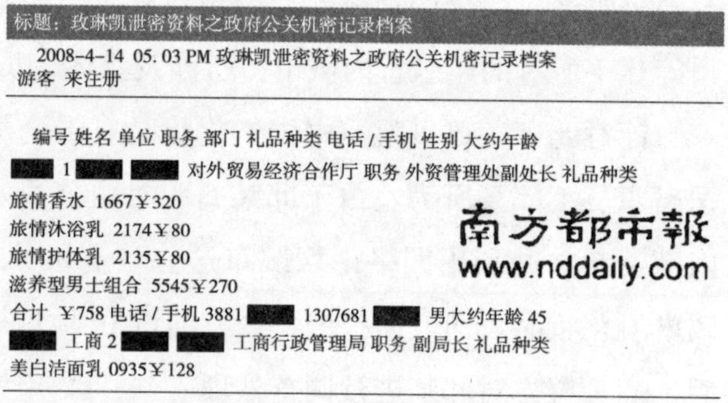
标题：玫琳凯泄密资料之政府公关机密记录档案
2008-4-14 05. 03 PM 玫琳凯泄密资料之政府公关机密记录档案
游客 来注册

编号 姓名 单位 职务 部门 礼品种类 电话／手机 性别 大约年龄
[redacted] 1 [redacted] [redacted] 对外贸易经济合作厅 职务 外资管理处副处长 礼品种类
旅情香水 1667￥320
旅情沐浴乳 2174￥80
旅情护体乳 2135￥80
滋养型男士组合 5545￥270
合计 ￥758 电话／手机 3881[redacted] 1307681[redacted] 男大约年龄 45
[redacted] 工商 2[redacted] [redacted] 工商行政管理局 职务 副局长 礼品种类
美白洁面乳 0935￥128

南方都市報
www.nddaily.com

由于内部员工泄密引发的企业危机，在企业危机事件中发生越发频繁。所以加强内部信息管理，建立内部有效的危机防范措施以及快速的危机反应措施，这对企业预防及处理同类型危机事件有非常大的帮助。

案例六：万科陷入“捐款门”

事件主角	万科	发生时间	2008年5月
危机类型	企业声誉危机	危机指数	★★★★

2008年5月12日四川汶川地震当天，万科曾宣布捐款200万元。但在全国人民爱心涌动，全国企业界动辄上千万、上亿的捐款面前，这笔微薄的捐款以及之后万科董事长王石的表态给万科带来了近年来最大的一次公共信任危机。

2008年，万科销售额超过523亿元，排名内地房地产企业第一，净利润超过48亿元，此次捐赠的善款不足其净利润的万分之四。在捐出款项的同时，万科就引发了网友对于其捐款数额过低的质疑。

随后，万科董事长王石，这位在中国知名度很高的企业家却对捐款作出了一番“惊人”的解释。

地震三天后的5月15日，王石写下一篇名为“毕竟，生命是第一位的（答网友56）”的博客文章，王石在文章中称：“200万是个适当的数额。中国是个灾害频发的国家，赈灾慈善活动是个常态，企业的捐赠活动应该可持续，而不应成为负担。万科在集团内部慈善的募捐活动中，有条提示：每次募捐，普通员工的捐款以10元为限。其意就是不要让慈善成为负担。”

一石激起千层浪。王石的表态很快给公司以及他本人带来更多铺天盖地的指责甚至谩骂。很多人表示，“万科在我们心中一落千丈”。更有网友指出，万科 8.2 级的地震从此开始。

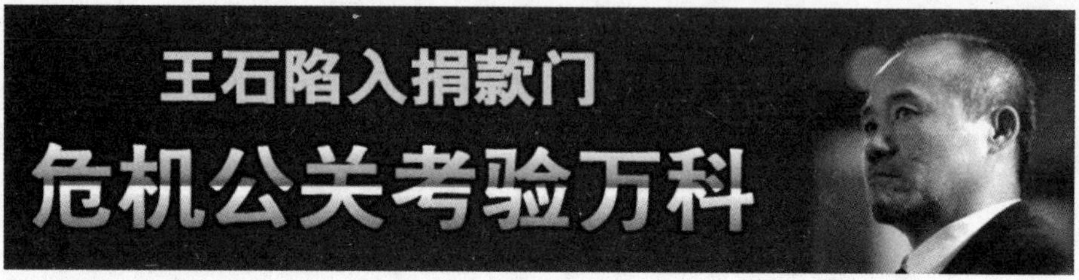

网络危机扩散

万科捐款 200 万的数目公布以后，网民立即将万科列入吝啬排行榜。针对以上意见，王石在博客上发表了“10 元论”，更引发如潮的网络批评，甚至有网民呼吁一起抵制购买万科的房子。

事件发生不久，天涯论坛立即出现大量批评王石的帖子，如“向我们全中国最伟大的企业家、慈善家王石致敬”、“大爱无形——为王石董事长鸣不平”，标题反讽，内容犀利，被诸多博客以及论坛转贴，在网络上引起强烈反响。

网民普遍将捐款多少与爱心大小联系起来，加上近两年房产价格的暴涨，公众对房地产商颇多怨言。而作为房产业老大的万科赢利丰厚，捐款却相当“吝啬”，这触发了网民的“积怨”，引起了“公愤”。即使当万科追加善款之后，网络上同样出现“万科走高层路线成功了，建设部领导让万科负责灾后重建”、“万科捐款一个亿的背后”等所谓“揭黑幕”文章，又掀起一轮批判、质疑的浪潮。

危机案例点评与分析

“捐款门”事件可谓是万科在2008年遭遇的一场影响巨大的危机风波。虽然是由王石个人的言辞引发，但基于王石在万科的影响力，危机的风波很快就由王石个人波及了万科品牌，给万科造成不小的影响。

在许多企业中，某些CEO由于个人魅力与能力超凡，无形中已经成为企业的最佳代言人，公众与媒体也倾向于将CEO言论等同于企业的立场，将CEO的形象视为企业的形象，所以CEO的一言一行、一举一动都具有巨大的公众影响力。在这种情况下，企业CEO更应谨慎从事，否则任何个人的失误都可能给企业带来连带的负面影响。

案例七：抵制家乐福事件中的网络狂潮

事件主角	家乐福	发生时间	2008年5月
危机类型	政治危机	危机指数	★★★★

由于法国政府在保护奥运圣火中的失职以及法国媒体对华的扭曲报道，很多在法华人和中国网民共同发起了抵制法货的号召。

从2008年4月9日开始，中国网民在数十家海内外网站论坛，先后发起了一场抵制家乐福的行动，理由是奥运火炬在法国传递期间遭到干扰。引起这场抵制风波的主要原因是LVMH集团涉嫌捐巨资给达赖集团，而LVMH集团在3月份刚刚成为家乐福最大的股东，所以网友把家乐福拉进了抵制名单。这个名单里还包括LVMH集团旗下的LV、迪奥等品牌。

在诸多网民的呼吁下，抵制家乐福的声浪不断高涨，家乐福危机全面爆发。

网络危机扩散

海外的声讨声浪很快蔓延到中国国内的网站，天涯、西祠、猫扑等中国几大论坛相继出现抵制法国货的帖子。

受到爱国情绪的鼓动，抵制家乐福的号召在互联网通过各种渠道被全面发动：从传统的BBS论坛，到博客、个人空间、分享网站，再到门户网站的投票调查、个人的MSN和QQ聊天好友以及聊天群，还有MSN和QQ的签名档。这些互联网工具使得每个人都成为一个威力巨大的信息传递器。

紧接着，传统媒体如电视和报纸等都纷纷介入报道，继续激发起民众的愤怒情绪，网上的抵制舆论迅速演变成现实的抵制暴力，各地陆续有民众举着抗议牌匾到各家乐福分店示威，家乐福面临着巨大的压力。

危机案例点评与分析

家乐福的危机非常特殊，与一般性的产品危机、内部危机不同，这一次的危机属于性质更为严重的危机。因为在家乐福的危机背后，其实是中国与法国两个国家之间的政治角力，是一系列暧昧不清的政治问题的暗战结果，而家乐福不幸成为国家博弈的牺牲品。

分析整个事件的起源、发展、高潮到结束，可以明显看到政府的意志决定着整个事件的进程。当中国政府谴责藏独分子在巴黎破坏奥运圣火传递时，抵制法国公司的声浪开始出现，家乐福危机初现。随后，全国的主流媒体与网络掀起一轮强烈批判与抵制家乐福的浪潮。而当法国政府派遣参议院议长来到中国，亲自向中国政府递交道歉信时，中国政府也从官方的角度暗示事件可以平息，家乐福的舆论危机自此逐渐消散。

在涉及政治类型的危机事件中，与政府沟通与协调是处理危机的核心所在。

案例八："网络杀手"出没，康师傅深陷"水源门"危机

事件主角	康师傅	发生时间	2008 年 8 月
危机类型	产品信任危机	危机指数	★★★★★

在康师傅一则矿物质水电视广告中，一句广告词"选取的优质水源"引来众多消费者的质疑：多个生产厂都建在城市附近，康师傅哪来的"优质水源"？

为了一探究竟，有网友潜入康师傅位于杭州经济技术开发区 4 号大

街27号的生产基地，考察后发现该基地附近根本没有所谓的“优质水源”，唯一的自然水源就是污染严重的钱塘江。该网友判断，“康师傅要么用自来水加工，要么用脏兮兮的钱塘江水，绝对没有它所说的优质水源”！

2008年8月7日，一篇名为“康师傅：你的优质水源在哪里”的网络文章揭露康师傅矿物质水广告中声称的“选取的优质水源”竟是自来水。这篇帖子立即引来大量的网友热顶，很快红遍各大论坛。

网文一发，康师傅立即遭到众多网民的抨击，指责公司涉嫌虚假宣传。

网络危机扩散

这篇完全出于网民（或者说竞争对手）之手的帖子，在网友的热顶与回帖中引发了平面媒体的关注，而平面媒体的定调性报道，将事件的发展推向了高潮。

在第一篇网络帖子出来之后，康师傅对其随之引发的舆论批判狂潮预料不足，所以其回应态度与控制策略明显做得不尽如人意。于是，“水源门”议题在多种因素的发酵下，被催变成为一场网络的话题狂欢宴。议题的升级使得所有人认为谈论或参与此话题是一种时髦（议题传播的从众心理），每个人都争先恐后地对议题进行再诠释、再传播，而千千万万个“网络杀手”的汹涌而出，使康师傅“水源门”事件最终大规模爆发。

危机案例点评与分析

评估企业危机影响程度，影响最小的莫过于危机只停留在舆论争论层面——如达能与娃哈哈产权之争、格力与美的排名问题的口水战；影响严重的情况则是危机从舆论争论层面渗透进最底层的终端，即普通消费者受到舆论影响，开始抛弃品牌或产品，而从许多终端情况观察，“水源门”对康师傅的影响正在演变成为后者——普通消费者已经开始受到影响，康师傅矿泉水这一品牌的销量在接下来很长一段时间萎靡不振。

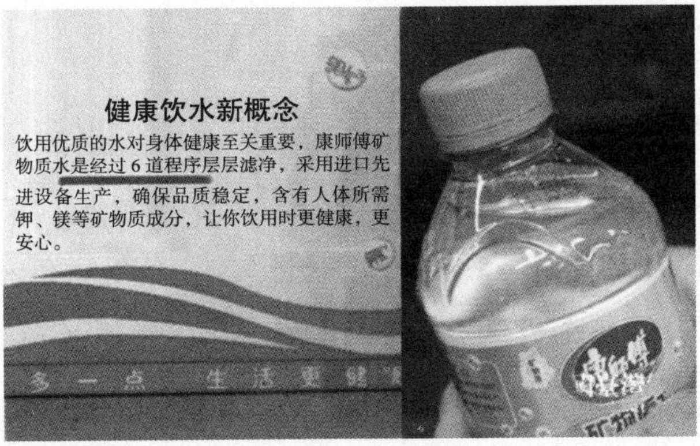

品牌美誉度是产品的销售助推力以及天然的保护伞，当美誉度完全失去时，企业也将变得岌岌可危。对于“水源门”危机事件，虽然康师傅一直辩称只是广告诉求有错，但公众的心理认知逻辑却会沿此链条发展：广告夸大——品牌诚信缺失——产品有问题——拒绝购买。所以对于康师傅矿泉水而言，要从长远化解危机，不仅仅是解释广告诉求，而是重建整个品牌价值架构，包括重造品牌认知以及重建品牌信誉。

在重造品牌认知方面，可以推出康师傅矿泉水的新品牌，并适当改进包装、外观设计、标签，启用新的品牌等。以康师傅强大的生产能力与渠道销售网络，以及康师傅母品牌在食品饮料行业的积淀，重推一个新品牌可能要比恢复一个伤残品牌更容易成功。

而在重建品牌信誉方面，康师傅可以从公众沟通以及公益事件入手，以诚恳、开放、透明的方式赢取公众支持。如举行公众开放日，允许公众参观其生产流程（类似麦当劳的厨房参观日），借此展现康师傅在品质监控方面的严谨。可以有针对性赞助、支持一些与水相关的组织，如支持著名环保组织“绿色江河”进行“水资源保护”、“寻找最清洁的水源”等活动，以在“清洁水源”方面的执著追求，化解公众的不信任。

案例九：三鹿危机：企业无法承受之重

事件主角	三鹿奶粉	发生时间	2008 年 9 月
危机类型	产品信任危机	危机指数	★★★★★

2008 年 9 月 11 日晚，中国卫生部发布公告指出，近期甘肃等地报告多例婴幼儿泌尿系统结石病例，调查发现患儿多有食用三鹿牌婴幼儿配方奶粉的历史。经相关部门调查，高度怀疑石家庄三鹿集团股份有限公司生产的三鹿牌婴幼儿配方奶粉受到三聚氰胺污染。卫生部专家指出，三聚氰胺是一种化工原料，可导致人体泌尿系统产生结石。

石家庄三鹿集团股份有限公司 11 日晚发布产品召回声明称，经公司自检发现 2008 年 8 月 6 日前出厂的部分批次的三鹿婴幼儿奶粉受到三聚氰胺的污染，投入市场的大约有 700 吨。

三鹿集团公司决定立即全部召回 2008 年 8 月 6 日以前生产的三鹿婴

幼儿奶粉。此前，该公司有关负责人表示，公司密切关注奶粉致病事件，已派人赴相关地区了解情况，并全力配合有关部门调查。

卫生部提醒公众，立即停止食用该品牌奶粉，已食用该奶粉的婴幼儿如出现小便困难等异常症状，要及时就诊。同时，卫生部要求各医疗机构及时报告类似病例。

卫生部表示已将事件有关情况向世界卫生组织及相关国家通报。有关调查处理进展情况将及时向社会发布。

网络危机扩散

2008 年 9 月 12 日，三鹿案发的第二天，一份三鹿集团的网络危机公关方案出现在天涯论坛。这份被推测来自于三鹿内部的“危机公关方案”提出：“百度作为搜索引擎，是所有网站的集结地，也是大部分消费者获取搜索信息的主要阵地，对三鹿来说将是公关环节的重量级媒体。强烈建议在此事还未大肆曝光的特殊时期，尽快与百度签订 300 万的框架协议。”

这份被曝光的“危机公关方案”以及恶劣的产品质量问题，引起了全社会的愤怒。从电视媒体、平面媒体到网络媒体，几乎整整一个月时间的讨论焦点都是“三鹿”。在短短两周时间中，从 Google 中搜索一下关键词“三鹿危机”，其搜索量达惊人的 300 多万条。而此危机信息更是通过网络扩散到其他国家，三鹿危机事件影响之深远、损害面之广，为近年来所少见。这不仅严重打击了中国整个奶粉行业，也影响了中国食品品牌在世界的声誉。

危机案例点评与分析

危机管理对于企业来说不是万能的救心丸。三鹿的危机，再高明的危机管理策略也无力回天，原因如下：

其触犯了企业责任底线。作为中国最著名的本土奶粉品牌，三鹿竟然对自己产品的质量问题视如儿戏，打着国家免检的招牌，让劣质产品进入流通渠道，引致严重的社会责任事故，后续庞大的诉讼与责任赔偿将让三鹿无法招架。

舆论审判已定死罪。从中央电视台到地方电视台，再到中国最权威的平面和网络媒体，掀起了一股反思批判三鹿的舆论浪潮。在此负面舆论的影响下，三鹿在渠道商和消费者心中已被定了死罪，品牌信任归零，市场信心全部崩塌。在企业危机中，舆论审判已经成为决定人心的最关键力量，从前几年三株口服液事件上，我们可以非常清晰地看出这一点。

政府不会出手相救。从危机管理的角度，政府在企业危机的形势扭转中具有非常重要的作用，政府的支持往往是企业发生重大危机时的最后一根救命稻草。如 2004 年蒙牛牛奶在湖北被恶意下毒案中，政府的一纸禁令使媒体停止了对事件继续追踪报道，从而挽救了蒙牛声誉。而这一次，三鹿毒奶粉事件却使政府以及相关主管部门深受其辱，国家质检总局局长、石家庄副市长等一系列官员也因此被解职，三鹿事件将成为一个中国重大社会安全事件的代名词。所以，政府不仅不会对三鹿出手相救，反而对其杀一儆百。

从另一个角度来看，我们必须感谢三鹿，倒下一家缺乏社会责任感的企业，却促进了中国整个食品监管机制进一步完善，也警醒了许多正在成为下一个三鹿或准备成为下一个三鹿的奶粉企业。在一个企业通往基业长青的路上，良心与社会责任是发展的底线，任何触及底线的企业将被彻底抛弃。

案例十：百度陷入“勒索营销”危机旋涡

事件主角	百度	发生时间	2008年11月
危机类型	企业声誉危机	危机指数	★★★★★

2008年11月15、16日，央视《新闻30分》连续两天报道了百度竞价排名的黑幕：百度竞价排名被指过多地人工干涉搜索结果，引发垃圾信息，涉及恶意屏蔽，被指为“勒索营销”，并引发了公众对其信息公平性与商业道德的质疑。这是继“三鹿门”事件之后再次将这一中文搜索引擎推向风口浪尖。

所谓“竞价排名”，就是百度推出的一种业务，当用户搜索一些常用词语时，从百度购买了服务的厂商的名字就会排在搜索的前列。每当用户点击搜索的结果进入厂商的主页时，厂商就要向百度缴纳一次费用，也就是搜索引擎的广告收入。

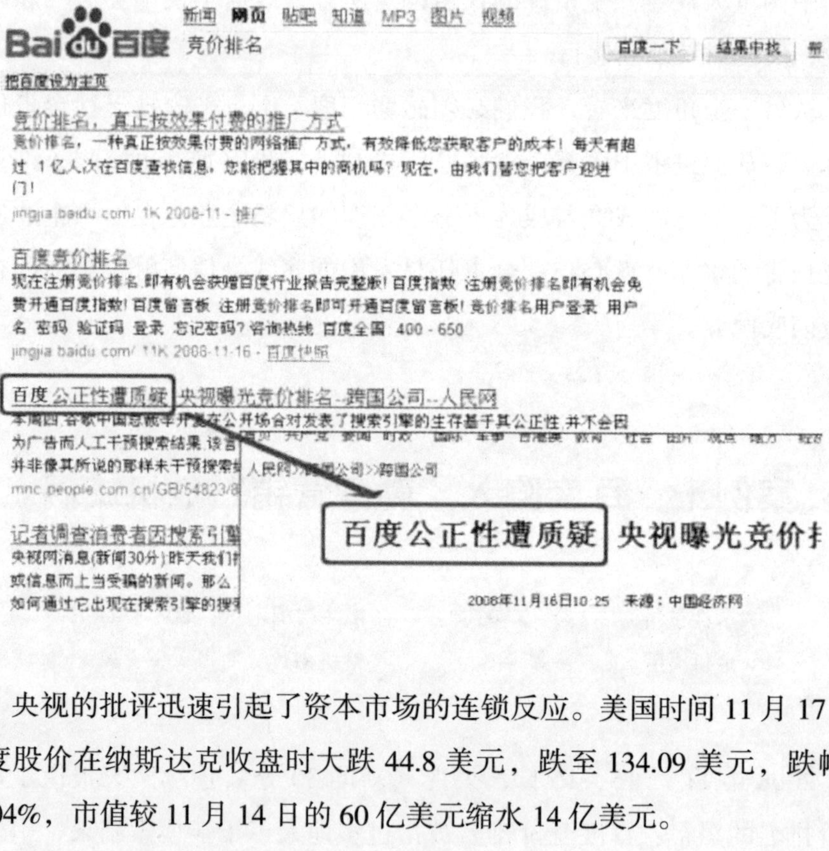

央视的批评迅速引起了资本市场的连锁反应。美国时间 11 月 17 日，百度股价在纳斯达克收盘时大跌 44.8 美元，跌至 134.09 美元，跌幅达 25.04%，市值较 11 月 14 日的 60 亿美元缩水 14 亿美元。

百度信任危机全面爆发。

网络危机扩散

在此次“勒索营销”危机事件爆发之前，2008 年对于百度来说已经是多事之秋。2008 年 10 月 31 日，北京某律师把一册 16 开本厚达 91 页的“反垄断调查申请书”送到了国家工商总局反垄断处一位官员手中，申请对百度滥用市场支配地位的问题进行反垄断调查。

而在此之前，2008 年 9 月 8 日，淘宝网“为杜绝不良商家欺诈”首次向外界宣布屏蔽百度搜索链接，向其公正性公开提出抗议；9 月 12 日，百度因被披露涉嫌收取 300 万元保护费而屏蔽三鹿奶粉负面新闻，被卷入震惊全国的“三鹿问题奶粉”事件之中，成为公众口诛笔伐的对象。

“勒索营销”事件的爆发，在网络引发一股声讨百度的巨大浪潮，这股“反百度”浪潮的主力一方面是过往饱受“勒索”之苦的企业，另一方面则是呼吁“得到真实、公正搜索真相”的网民。这两股“反百度”的主力在网络上掀起了打击百度还互联网真实声音的呼吁。

危机案例点评与分析

作为全球中文第一大搜索引擎商，百度在中国内地占据 65%的市场，已经成为遥遥领先于对手的中国用户首选的搜索引擎。当初这个打着民族品牌旗号的搜索引擎，在人们的信任中迅速崛起。可以说，百度之所以能成为中国首席引擎，是和公众对它的信任分不开的。这也是百度最为宝贵的资源。所以，“勒索营销”事件的爆发对百度的公信力是一次不小的损害，危机管理得当与否将直接影响百度的品牌声誉。

在危机爆发之后，百度的危机应对措施还是非常快速的：首席执行官李彦宏就此事向公司全体员工发了一封言辞恳切的信，为此事感到痛心，并为此道歉。另一方面，百度也向外界发布了事件的说明，并采取措施修正之前搜索排名方面的漏洞，严肃处理个别违规操作的工作人员，以切实的措施去扭转公众对百度的负面看法。

Web2.0 时代危机传播管理的思考

或许所有人都应该感谢 Web2.0 时代的到来，因为我们每个人都获得了同等的信息传播权利，每一个人都可以借助网络去表达自己的喜悦或者愤怒；同时，我们每一个人也许都必须正视 Web2.0 时代的危险性——随时随地可能射出的攻击暗箭以及由此被挑动的暴力情绪，无时无刻不潜伏在我们身边。所以，无论是政府、企业还是个人，面对着巨大的网络危机传播力量，都显得如此无助。

> 随时随地可能射出的攻击暗箭以及由此被挑动的暴力情绪，无时无刻不潜伏在我们身边。面对着巨大的网络危机传播力量，企业及组织都显得如此无助。

在网络无处不在的当下，当越来越多的品牌危机报道来自深不可测的网络时，对于任何一名企业领导而言都必须转变危机管理的思维，去洞察一系列已经发生变化或者可能发生变化的新现象，这或许就是 2008 年企业网络危机给我们带来的启示。

第三章

网络危机传播是如何扩散的

每一个人都必须正视 Web2.0 时代的危险性——随时随地可能射出的攻击暗箭以及由此被挑动的暴力情绪，无时无刻不潜伏在我们身边。探究网络危机传播的起因、扩散原因，从中寻求防御应对之道，这无论对政府、企业还是个人，都有重要的现实意义。

互联网改变了商业规则，同样也改变了媒体规则。在这个所谓的“YOU”时代，网络媒体野蛮生长的力量既令人惊喜，也令人生畏。显而易见的是，以网络为核心的新媒体平台，让这个世界变得更平，也让这个世界更难被摆平。

对于企业而言，网络媒体一日千里的发展让它们又爱又恨：一方面，网络媒体提供了焕然一新的传播平台，信息传播的快速、海量、无疆界的特性以及令人激动的开放性和互动性，更利于俘获新一代消费者；另一方面，由于公信力和规则的缺失，使得网络媒体的信息来源五花八门，信息品质良莠不齐，难以控制。企业时时刻刻都会感受到危机的强烈威胁，如履薄冰成为常态。

危机是一个事件还是一种常态？对于这个问题的深层次思考有助于我们更好地认识危机的本质以及在危机发生之后更好地应对。危机如果是一个事件的话，那么说明危机发生的偶然性，企业对于危机防御的机制可有可无；危机如果是一种常态的话，那么说明潜伏危机性始终存在，企业必须有强烈的危机意识，而且必须构建起完善的危机应对预防机制，才能够确保在危机来临之际应对有度，将危机的影响降到最小。而无数血的事实告诉我们，对于任何一个企业来说，无论是大企业还是中小企业，跨国企业还是本土企业，危机都是一种常态而不仅是一个偶然事件，特别是在网络媒体高度发达的今天，舆论的攻击时时刻刻都潜伏在我们身边。

当危机与网络媒体紧密相连，此前网络媒体的所有优点骤然变身为致命的杀招。危机不再是可以一次性处理完毕的，谁都可以随心所欲地进行 N 次传播；危机也不再可能被有效控制在一个范围之内，而是转瞬之间就会传遍世界，所以探究网络危机的形成机制与扩散原理，对于每一家企业和组织来说，都具有极其重要的现实意义。

网络危机传播的扩散路径

2008 年 11 月初，一封控诉三星公司某男职员的信，开始在三星公司内部流传。写信者为此男职员的女朋友，因自觉感情受到其男朋友的欺骗，一时愤怒，写下了这封声泪俱下的控诉信，详细罗列该男职员的种种不是，要大家认清该男职员的真实面目。

此信被群发给三星所有的内部员工，接着很快有人将该信转发到 IBM，IBM 的内部人员又将信转发到思科……在短短一周内，几乎中国所有知名的外企员工都收到过这份“三星版现代陈世美”的控诉信，许多人在转发此信时，还不忘在邮件中附上自己的谴责之言。经过一番滚雪球般的传递，整封信几乎成了一次党同伐异的批判与谩骂，成为看客们借势发泄某种情感的载体。

从客观的角度，没有人知道这封信所叙述内容的真伪，也没有人有兴趣去深入了解真实情况。但与其他被愤怒情绪挑拨起来的网络事件一样，很快便有好事者去深入挖掘信中所提到的负心郎。他的真实姓名、职位、手机号码、照片、履历，很快被一一曝光，投诉、辱骂、恐吓等现实的暴力接踵而至。

三星“陈世美”事件令我们想起 2006 年中国网络暴力第一案“魔兽世界的铜须事件”—— 一个关于出轨与偷情的陈旧故事，在 Web2.0 时代环境的发酵下，在众多网民不断诠释与传播下，很快暴力迭生，“江湖上”发出砍杀偷情主角的“追杀令”。而让事件从网络谴责最后变成现实暴力的最大原因，正是因为在诸多开放性的网络论坛上，众多“看客”们你一言我一语的批判之词，最终使得仇视与报复情绪一发不可收拾。

在2008年6月抵制家乐福事件中，被爱国情绪点燃的网民们，在网络上组成了一个巨大的“反家乐福联盟”——通过征集签名、相互转发抵制信息，一个个原本事不关己的“看客”就这样汇合成了强大无比的危机传播飓风，使家乐福损失惨重。

在互联网上，每个人都是看客，但每个人都是潜伏的“杀手”。

病毒性危机传播的特点

三星“陈世美”事件的爆发以及不断的复制传播，可谓是一种典型的病毒式传播，它的传播渠道是非正式的，是通过个人邮箱和由个人邮箱维系的巨大的企业内部联络系统和外部联络系统来实现的。一个信息可以从一个邮箱发到一个邮箱群，无限伸延，最终产生立方式递增传播的巨大效果。

这种网络媒体的病毒式传播有以下几个特点：

信息内容往往是能引起传播者兴趣的内容，如知名企业内部问题、个人隐私和八卦、离奇事件、对某个新闻事件的幕后曝光等。信息首先要能吸引人，有值得再次传播的价值，才能引起网民的跟踪和转发兴趣。

人人都是传播者，人人都是把关人。在这样的传播过程中，收到并转发的网民都是利用了自己的网络资源进行再次传播的传播者，如果转发者在某个网络领域里有一定知名度的话，会给所传播的信息增加再次传播的可能性；如果转发者顺带附上了自己的感想或者编辑了其他人的观点的话，也会起到一定程度的舆论引导的作用。

群发方式引出立方式的传播效果。三星“陈世美”事件的传播首先在三星的内部网络以及其他大型知名企业之间疯狂传播，只要点击转发方式，选择现成的通讯录地址，几秒钟就完成了一次立方式传播，由一个信箱到上百个信箱，连续的转发会导致特定信息的快速蔓延。

这种现象的后果会使一个普通事件演化成一次著名的网络事件。这几年发生在网络媒体上的由邮件信息导致的网络事件很多，如“外企最牛秘书”事件，即是由一个“转抄”引发了广泛的社会关注。虽然开始仅仅是一个邮件，但是由于传播速度快、范围广、内容受关注，就会形成事件，吸引网络上的注意力和议论，也会吸引传统媒体的跟踪报道。

从企业的角度，认识这种病毒性的网络传播的特点和效应，一方面可以利用这种传播机制捕捉社会传播和商业营销的机会。因为网络媒体是一种很有效的品牌传播和口碑营销的工具，不但效果明显，而且成本低廉，容易形成事件性；另一方面则是更应关注到危机传播的负面影响，也就是网络危机的形成，这种危机大多数情况下是针对特定个人、企业或者政府的声誉危机，但是如果不断扩大的话也可以导致社会危机。

网络危机传播的机制分析及公众心理特点

回顾任何一次重大的企业网络危机以及政府声誉的传播危机，我们都可以清楚地看到，危机事件只是导火索，Web2.0 时代的网络传播机制以及网民传播心理才是最终扩散危机影响的要源。

首先，Web2.0 时代多元化的网络传播体系大大加速了危机事件的扩散。在三星“陈世美”事件发生后，很快有网友在MSN签名上写上“鄙视三星‘陈世美’×××”；百度贴吧上也出现“人肉搜索三星‘陈世美’×××”的号召帖子；各大论坛上同时掀起热烈议论并谴责事件男主角的浪潮；诸多外企员工邮箱都从群发邮件中接收到对男主角的谴责信……快速、便捷、多样化的传播方式，使得事件一旦进入网络传播的体系，便获得了加速扩散的渠道，其负面影响一发不可收拾。

其次，网民独特的传播心理也是使得危机传播加速的重要原因。“在网络上，没有人知道你是一条狗”，这句比尔·盖茨的名言，一针见血点出了Web2.0危机传播时代的核心所在——网络的蒙面性使得肆意攻击成为众人狂欢的最好发泄。

在前段时间流传甚广的“千万别吃肯德基”的网帖中，作者极尽描述的能力将肯德基的鸡描述成“恐怖无比”的畸形鸡。尽管稍有理性的网民都可以判断出帖子内容的真伪，但仍然有无数网民“看客”愿意去传播此帖——一种蒙面攻击的快感、党同伐异的心理发泄远远超过了对事件真实与否的价值判断。而这正是Web2.0时代，危机传播管理的困难所在。

无处不在的网络危机传播在向我们展现网络传播的巨大力量的同时，也促使我们思考：正面的、积极的传播活动（如政府和企业的传播活动、社会公益信息和活动等）是否可以参考这种传播方式以取得较为有效的传播效果？以社会公益活动和环保活动为例，除了传统媒体上的传播，更应该重视每天使用网络媒体的个人和他们拥有的再次传播的能力以及这种再次传播能力所能达到的效果。

无疑，这种病毒式网络传播的方式也警示我们：消极的信息如果得到病毒式的传播，会给社会及企业带来严重的后果。从危机应对和传播管理的角度来看，上述传播行为如果给个人或者是政府、企业带来危机的话，不但难以控制，而且难以摸清源头和传播渠道，难以对症下药。因此，应对网络传播危机，需要遵循以下三方面策略：

首先，注重声誉管理与形象建设。真正卓有成效的危机管理是建立在组织或企业良好声誉之上的。企业良好的声誉与良好的形象是组织与企业天然的危机天盾，可以在关键时刻抵御住一切无谓的谣言与暗中攻击。

其次，加强网络舆论分析能力与设立网络传播控制机制。政府和企业也要对内部网络系统的信息有所监测和管理，防止有害信息和谣言的散布和流行，发现苗头必须重视并加强观测，防止危机事件的形成。

再次，强化对网络 e 见领袖的管理与关系建立。Web2.0 时代最大的特点就是从资讯的互联网过渡到人的互联网，众多的网民互相联结成一个力量无穷的互联网，而在这其中有着巨大话题牵引能力的 e 见领袖就是互联网无冕之王。加强与 e 见领袖的关系建立，让他们成为组织与企业外部舆论有力的支持力量，这是平复危机传播、转移危机攻击的关键所在。

发生危机时公众心理特点

当企业发生危机事件时，公众的心理特点以及他们看待事件的态度，是指导企业制定相应危机应对措施的方向。由于危机事件往往具有爆发性、忽然性以及危害性的特点，所以一旦危机出现，公众往往保持高度的关注，并呈现出以下四种心理特点：

高度关注：由于危机的爆发性与忽然性，所以危机一旦发生，社会与公众都保持高度的关注，对事件的发展、危害、处理结果都有着强烈的了解兴趣。如“艳照门”事件发生之后，公众都对此事件保持高度的关注兴趣，这也使得诸多网络媒体有兴趣对事件进行深入详细的报道，造成其负面影响持续扩大。

有罪推定：当企业发生危机事件时，无论此事件爆发的源头是由于媒体报道还是出于消费者投诉，即使事件真相尚未被查实，公众的心理认知大都是倾向于认定企业是有罪的，责任在于企业身上。

同情弱者：当企业危机发生了，而且危机的发生涉及消费者的利益，在消费者与企业对峙之时，公众的心理天平普遍会偏向势力弱小者，并容易与弱者形成同仇敌忾之势，共同对企业进行谴责。

跟随舆论：任何企业危机的发生，只要涉及社会公众的利益，媒体必然对其保持高度的报道兴趣。而媒体记者对事件的判断、了解、甚至是个人化的定论，往往牵引着公众对此事件的态度与判断。在某些时候，媒体的定论就是决定公众对事件看法的最大影响者。

网络危机传播的四大特点

由于网络的出现，信息传播的方式彻底被改变，而信息传播的改变则在某种程度上对企业的危机的发生形成了直接的影响。在网络时代，企业危机的发生有以下几大特点：

网络信息过滤机制缺失，危机发生几率大大提高

一方面，相对于网络媒体，传统传媒由于具有信息审查制度，因此其发布的信息权威性较强、可信度较高，流言或谣言传播受到了很大的限制，而流言或谣言往往是企业产生危机的原因之一。

然而，在开放的网络空间里，尤其是在众多的电子公告版和网站论坛上，各种真实或虚假、正面或负面的信息自由传播，从而增加了企业危机发生的概率。另一方面，媒体之间竞争的日益加剧，使媒体记者对挖掘爆炸性新闻的热情倍增，一些原本深藏于企业的危机隐患被触发的概率大大增加。同时，网络为企业的竞争对手提供了更好的情报收集手段，企业的任何疏忽与失误都可能招致竞争对手的攻击，这也增大了企业危机发生的概率。

信息传播速度快、覆盖率广，减少企业对危机的反应时间

在传统传媒占垄断地位的时代，危机的局部特征性强，某种负面信息第一时间只能影响到媒体发行的区域。如今，由于信息在网络上迅速、大面积传播，大大减少了留给企业的危机反应时间，使得危机管理工作变得更加困难，地区性的危机常常演变成全国性甚至国际性的危机。

公众参与、仇恨性情绪的煽动加剧危机的程度

Web2.0 的出现，唤醒或强化了公众的表达意识，极大地调动了公众参与社会事务的积极性。一方面，通过网络公众的主动参与讨论，一些小事件可以演变为难以控制的危机；另一方面，网络公众通过在网络上直接地自由表达各种意见、情感，对已处在危机中的企业进行质询、谴责甚至攻击，不满的情绪可以迅速感染其他网民，使已发生的危机迅速放大、恶化和蔓延。

信息的重复性传播使得危机延续的时间加长

网络信息多次重复的传播特性，使企业必须在危机结束后的较长一

段时间内，仍需继续关注网络上关于危机事件的报道。因为，尽管危机可能早已结束，但是一些对企业造成负面影响的消息仍有可能不断地被复制、粘贴去误导其他公众，从而给企业造成新的危机。

3亿网民时代与网络危机的二八法则

2009年1月13日，中国互联网络信息中心（CNNIC）发布“第23次中国互联网络发展状况统计报告”显示：截至2008年底，中国网民数量已达2.98亿。

这意味着，目前中国互联网网民已接近3亿人，不仅是网民数量最多的国家，而且中国互联网普及率以22.6%的比例首次超过21.9%的全球平均水平。

中国网民从100万发展到1亿，用了七年半；从1亿发展到2亿，用了两年半；从2亿增加到3亿，仅仅用了一年多的时间。目前，跃居世界第一的还有我国宽带网民数和国家域名注册量。

快速崛起的互联网大国

CNNIC的报告显示，中国网民规模继续呈现持续高速发展的趋势。

与2007年同期相比，中国网民人数增加了9 100万人，是历年来网民增长最多的一年，同比增长达到56.2%。仅2008年上半年，中国网民数量净增量就达4 300万人，一举超越美国成为世界上网民人数最多的国家。

统计表明，中国网站数量持续增长，共有191.9万个，年增长率为46.3%；其中CN下的网站数为136.9万个，占总网站数的71.3%，这表明国内绝大多数网站都已使用CN域名。由此带来的域名需求以及奥运官网应用beijing2008.cn等事件的示范作用，推动CN国家域名在今年初突破1千万注册量之后，再次实现跨越，以1 218.8万的注册量傲视全球国家顶级域名。我国在网络规模上的突破，成为我国综合国力不断增强的一个重要标志。

网民结构与人口结构趋近

随着网民规模的逐渐扩大，网民结构与现实生活中的结构逐渐趋近。我国网民的学历结构正逐渐向总体居民的学历结构趋近，体现出互联网大众化的趋势。从学历角度分析报告数据，互联网显现向下扩散的趋势。目前高中学历的网民比例最大，占到39%。同时，中国网民中女性比例上升到46.4%，比2007年底上升了3.6个百分点，中国网民逐渐走向性别均衡。

> 当下网络媒体占中国媒体总数不到20%，但80%的危机从网络媒体爆发，100%的危机有网络媒体参与，来自网络的负面报道、负面传播已经成为导致企业危机的重要源头。

互联网主流媒体地位凸显

一直以来，网络应用是CNNIC报告中的重要组成部分。此次报告显示，网络新闻使用率达 81.5%，用户规模达到 2.06 亿人，网络新闻阅读率比 2007 年 12 月增加了 8.8 个百分点，在网络应用中排名跃升至第二位，一改此前数字娱乐应用在网络应用中占据绝对优势的局面。这与今年上半年一系列重大新闻事件的网络媒体报道的表现密切相关。可以说，互联网正在成为新闻传播领域中影响巨大的、最具发展潜力的主流媒体。

CNNIC 发布的这一系列数据表明，互联网大国的规模已经显现，网民对于互联网深层次应用的需求和接受程度大幅度提高。中国互联网正在逐渐走向成熟，在国际网络社会中的影响力也将更强。

但在另一方面，我们更应该注意的是，尽管当下网络媒体占中国媒体总数不到 20%，但 80%的危机从网络媒体爆发，100%的危机有网络媒体参与，来自网络的负面报道、负面传播已经成为导致企业危机的重要源头。

网络危机扩散周期及错误态度

危机生命周期理论认为，危机有如人的生命周期一样，有诞生、成长、成熟到消亡四个阶段，每个阶段具有不同的生命特征。危机尽管可能会经历生命周期的几个阶段，但只要处理得当，危机可能永远不会诞生，可以不经成长及成熟等阶段，即在危机诞生之初就被彻底消灭。

掌握网络危机发展阶段的特征，对处理和化解危机至关重要。因为网络危机从发展、扩散到深化的每个阶段，皆具有特殊的征兆，所以企业应根据各种特征来辨别危机发展的阶段，进而开始着手处理。绝不能等到危机爆发，才在震惊中得知危机爆发的消息，这也是学习型企业和被淘汰型企业之间的最大区别。

危机酝酿期：一般来说网络危机都有一个从量变到质变的过程，而量变是危机的成型与爆发，并且危机是由多个因素动态发展的结果，因此潜藏危机因素的发展与扩散阶段是危机管理的重要阶段。如果企业或组织在监测过程中，发现网站或论坛等出现批评性或负面言论的帖子，一定要引起警觉，进行分辨与分析，确认发生危机的可能性。

危机爆发期：当事件突破危急的预警防线，网络危机便进入爆发期，并会威胁到企业的生存和发展，如果不能立即处理，危机将进一步上升，其杀伤范围与强度会变得更大。

危机扩散期：当网络危机大规模爆发之后，会对其他领域产生连带影响，有时会冲击其他领域，而造成不同程度的危机。如前面所提到的网络“危机三重门”。

危机处理期：该阶段进入危机生命周期的关键阶段。后续发展完全取决于危机管理决策者的专业能力。通过建立危机预警机制，将其消灭在萌芽阶段是最佳的危机处理途径。

处理结果与后遗症期：网络危机经过紧急处理后，可能得到解决，但无效的处理，可能使网络危机的残余因素经过发酵，使危机进入新一轮酝酿期。

面对网络危机的六种错误态度

第一是侥幸心理：对危机不重视，认为不会落到自己头上，对危机信息的监测与反应基本空白，不做任何准备。

第二是理直气壮：认为身正不怕影斜，对于网络批评和网民的投诉一概否认，没有意识到应当给大家一个更加正面的印象。

第三是鸵鸟政策：不愿或不敢直面现实，遇到大的负面报道一下子被打昏了，赶紧躲起来。

第四是推卸责任：指责他人，可能会使原本得以化解的危机不断地升温，加大损失。

第五是用纸包火，极力遮掩：想通过各种运作，隐瞒媒体，让媒体不要报道，结果事与愿违，天下没有不透风的墙。

第六是自我疗法：对危机事件闭眼不理，认为时间会冲淡影响，危机自动消失，等到危机不断加深才后悔莫及。

案例解读一：网络如何通过议题设置扩散危机影响

2008 年 11 月 4 日，中国交通运输部党组决定免去深圳海事局党组书记林某党内外职务，接受进一步调查，待问题查清后，按照有关规定再进行严肃处理。这一决定被中国最权威的新闻机构——新华社全文播发，全国主流媒体都在重要版面上转载了这条新闻。

这一决定的出台将“深圳高官猥亵女童”事件推向高潮，而此刻离案发时间才 6 天。这个案件的发生，引发全国媒体的一片口诛笔伐，民众的愤怒情绪迅速被点燃，不仅多家主流网络媒体开辟了事件追踪报道的专题网页，诸多网民更是通过“人肉搜索引擎”、“网络万人签名谴责”等方式表达对该政府官员恶劣行径的愤怒。

在媒体的高度关注下，“林某猥亵女童事件”很快从个人事件变成一个社会公共事件，变成全国民众对中国政府官员作风、执法机构公正性的严厉责问，以深圳海事局为代表的相关政府机构的声誉在事件中受到一定的影响。

与“华南虎事件”一样，“林某猥亵女童事件”由于案件的特殊性，受到全国媒体及公众的高度关注，所以政府机构在处理事件过程中，点滴的失误都可能引发新一轮的汹涌的舆论批评，从而使政府公信力与声誉蒙受重大损失。而在这铺天盖地的负面舆论背后，究竟是什么“看不见的手”在推动着危机影响不断扩散？

“林某猥亵女童事件”引发的政府声誉危机影响

2008 年 10 月 29 日，深圳市海事局副局长林某在酒后将 11 岁女童小陈拖进厕所进行猥亵，被发现后在酒店与女童父母发生激烈争吵，林某口出狂言进行威胁，事件全程被酒店的摄像头完整地拍摄下来。事件于次日被媒体曝光后，轰动了整个社会。

在整个事件中，最引发媒体关注也是最激发民众愤怒的关键细节就是林某在威胁女童父母过程中，多次强调自己是“北京派来的高官，与深圳市长同级别”的身份。

如果林某只是一名普通人，那么事件最多只能算是一次有些恶劣影响但不算轰动性的一般民事纠纷案。正是林某一再强调自己的政府高官身份，使事件的性质迅速转变——特权阶层与普通民众之间的对峙、特权人物过度膨胀的官本位意识与特权意识，正是激发媒体舆论批评狂潮、促使民意沸腾的源头。

回顾近几年来数件轰动中国的官民纠纷案，无一不是当事人的特权身份被媒体揭露之后，引发了社会舆论的强烈批评，如2008年贵州瓮安事件、2003年哈尔滨苏秀文宝马连撞13人事件、1997年河南郑州张金柱交通肇事案。在这些事件中，由于执法机构的处理不公或处理方式不够透明，给外界造成执法机构有意庇护特权阶级的印象，不仅使得民众对政府机构怨声载道，有的更演变成严重的社会暴力事件，使事件的负面影响迅速超出事件本身，上升为公众对某一官员、某个地区，甚至是对某个政府机构不信任，给政府机构的公信力与声誉造成负面影响，这正是严重危机引发的扩散性影响的根源。

与上述几个事件类似，“林某猥亵女童事件”的负面影响在网络的推动下迅速地深化，并向以下三个方面蔓延。

1. 第一重危机影响：深圳海事局声誉受到严重影响

在林某被人肉搜索引擎发掘出他是深圳海事局的高官之后，深圳海事局这个冷门的政府机构迅速成为媒体及民众关注的焦点。从百度指数（百度指数是用百度公司推出的，用以反映关键词在过去30天内的网络曝光率及用户的关注度，它能形象地反映该关键词每天的变化趋势）我们可以看出，自从10月30日开始，深圳海事局的“媒体及用户关注度”这两项指标以惊人的速度跳跃上升；网友和媒体记者都涌上深圳海事局网站，试图去了解这个诞生了“史上最牛党委书记”（网民定义）的政府机构是什么样的面貌。

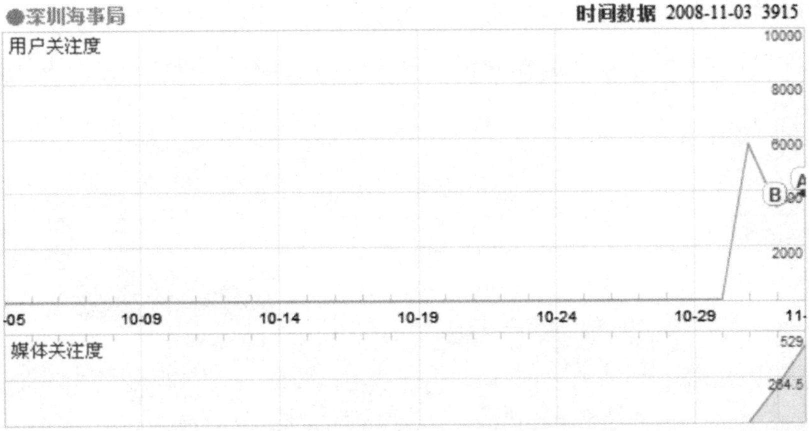

从谷歌搜索引擎上，在“新闻资讯”栏中键入“深圳海事局”，排在前10页的搜索结果的近100篇报道，全部是有关“林某猥亵女童事件”的直接或间接报道，深圳海事局常规的正面性报道已经被急剧上升的负面报道所稀释或挤压。作为一家政府机构，深圳海事局将在未来的半年甚至更长时间内，都难以摆脱“林某猥亵女童事件”所带来的负面影响。

更为严重的是，由于媒体及民众的高度关注，深圳海事局在接下来的时间，如果再发生某方面的负面事件（无论是机构本身还是某个政府官员），都可能触发新一轮的舆论批评，媒体会将新的事件与“林某猥亵女童事件”联结在一起，使事件由小变大。

2. 第二重危机影响：深圳官员的群体形象受损

在“林某猥亵女童事件”中，不少媒体直接采用的标题为“深圳官员林某”（如下图新浪网专题报道所示），这样的核心字眼具有极强的暗示与误导性，其导致的危机在于将林某的个人行为隐性上升为深圳官员的群体代表，并可能触发其他媒体有倾向性地对“深圳官员”这一群体以往的任何恶性违法乱纪事件进行集中性的汇合，从而给整个深圳政府造成负面影响。从谷歌的搜索中我们已经可以看出“深圳官员”这一关键词已经成为恶劣官员作风的报道核心词（谷歌网页及新闻搜索“深圳官员”）。

3. 第三重危机影响：中国官员声誉受损

事件发生之后，扬子晚报一篇《猥亵女童的高官怎么混入党内的？政府道歉意图何在》的评论，引发了众多网络媒体的疯狂转载，更引人注目的是多家海外的中文论坛如新西兰在线论坛也转载了此文。

> 网络媒体有意无意地通过某些特殊议题的设置，激发了民众的某些非理性情绪，从而使事件本身发生某些变质，甚至混淆了真相本身，使情绪发泄超过理性判断，迅速激发了民众的极端情绪。

在某些对中国存在敌意的西方媒体眼中，“林某猥亵女童事件”就是最佳的攻击中国政府以及中国官员的武器。如果中国政府或相关执法机构在事件处理上失当，或者对来自西方媒体的采访应对不当，将可能使中国官员的正面形象在西方主流媒体语境中受损。

作为一个引起广泛关注的公共事件，“林某猥亵女童事件”与“华南虎事件”在某个层面上意义已超出了“官员猥亵”或“照片”真伪自身，而是对政府公信力的一种考验，或者说成为政府与民意之间能否有效沟通的舆论信任博弈。

网络推动危机升级

在“林某猥亵女童事件”爆发之后，众多媒体特别是网络媒体表现出无比的亢奋，一方面是事件的特殊性彰显出该新闻事件对读者的巨大吸引力，另一方面是参与事件的双方之间的鲜明对比：强与弱、特权人物与普通百姓，这种力量悬殊的博弈正好是媒体作为社会公器或者社会良心发挥责任感的时机。在这种强烈的自发意识或无意识冲动之下，众多媒体通过新闻议题的设置，打响了一场为弱者说话、向强者讨要公道的舆论大戏。

由于新闻媒体的密切追踪，使得此恶劣的社会事件迅速得到法办——林某先是被停职，继而迅速被免职，媒体在某个力量失衡的社会事件纠纷中，起到了维护社会公正的平衡杆作用。这是媒体发挥正面舆论监督作用的重要权力所在。

但在另一方面，我们也应该看到，在这股彰显正义打倒邪恶的舆论批判浪潮中，某些网络媒体却有意无意地通过某些特殊议题的设置，激发了民众的某些非理性情绪，从而使事件本身发生某些质变，甚至混淆了真相本身，使情绪发泄超过理性判断，迅速激发了民众的极端情绪。

在 MSN.com 开设的“林某猥亵女童事件”专题中，设置了这样的调查题目：“如果您是‘局长酒店猥亵女童案’受害者的父母，您将？”(见下图)，设置的三项指标，前两项明显具有一定的情绪倾向。我们完全可以料到这样的议题设置对公众情绪的挑拨作用。除了近七成的公众投票要求一定要严处林某之外，在调查结果的留言簿上，数千条留言更是将矛头指向深圳海事局、政府对官员管理问题、政府官员的恶劣行径。

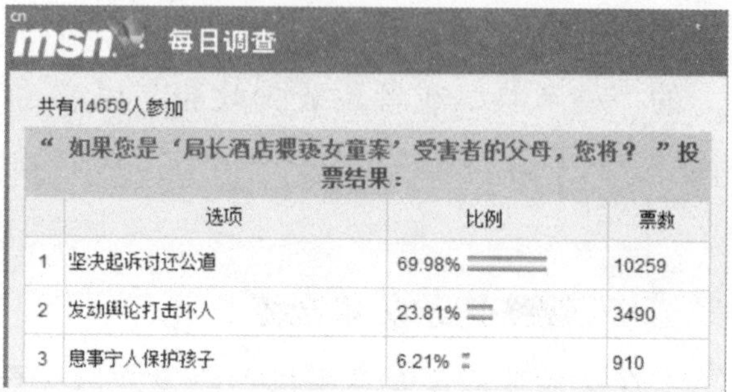

	选项	比例	票数
1	坚决起诉讨还公道	69.98%	10259
2	发动舆论打击坏人	23.81%	3490
3	息事宁人保护孩子	6.21%	910

被具有情绪倾向性议题激发出来的公众情绪，迅速演化成对林某背后所代表的或相关联的一系列政府机构的谴责与怒吼。如果这种非理性情绪在一定范围内继续升温，那么舆论的批评浪潮可能演化成现实的暴力，如深圳海事局网站被黑、林的家人受到恐吓或袭击等。

而负责调查此案件的深圳市公安局也处在媒体高度关注下，承受着

主流媒体对事件的报道标题

“北京高官”猥亵女童案不得要领　**搜狐**

猥亵女童案仍等待着正义的裁决　**凤凰网**

官员“猥亵门”私了可以，民愤怎解？　**千龙网**

深圳海事局党组书记被免职　女童重返现场后失控　**南方报业网**

为“陈父”的理性和坚定喝彩　**人民网**

深圳海事局书记猥亵女孩还叫嚣：敢跟我斗　**腾讯网**

林××被免去党内外职务　酒楼不允许店员接受采访　**新华网**

深圳涉嫌猥亵女童事件不能成“谜案”　**新京报**

林××事件，不要逼公众去想像事实　**大河网**

期待“深圳涉嫌猥亵案”目击证人站出来　**人民日报**

猥亵女童的高官怎么混入党内的？政府道歉意图何在　**扬子晚报**

巨大的压力。

以 11 月 4 日为例，中国数十家主流的网站上，其对此案件的新闻报道标题如上图所示。舆论的怒气正在向执法机构倾泻，媒体在无意中正在演变一个表面充满正义但其实很危险的角色。媒体裹挟着强大的民意，正在潜意识地影响司法对事件的理性、客观的判决。

这使我们想起 1997 年郑州某区公安局副局长张金柱的交通肇事案，众多媒体对案件一边倒的强烈舆论批判，使法院不得不迅速审理此案，并在最短时间内判处张金柱死刑，张在行刑最后一刻感叹自己“死于记者之手”。

在新的时代中，由于网络媒体的发达以及民众对于信息透明化的要求越来越强烈，政府机构的运作开始处于一个全方位受监督的聚光灯之下，其间执政或运作的点滴失误都可能因为媒体报道介入被提升至万众瞩目的的高度。如果缺乏相应的政府危机公关能力或危机沟通能力，将可能使政府机关面对舆论强烈批评时陷入尴尬境地。

无论是张金柱案还是林某猥亵事件，虽然是个人行为，但是由于其特殊的身份使其背后的政府机构声誉受损，所以重视与媒体特别是网络舆论的有效沟通，有效地引导舆论正确的走向，这对于任何一个政府机构来说都是非常重要的。

案例解读二：广元柑橘事件：新媒体时代的危机扩散

2008 年 9 月 22 日，四川广元市旺苍县尚武镇村民报告县农业局，在柑橘园内发现疑似柑橘大食蝇的害虫，后经县农业局技术人员确认为柑橘大食蝇；10月4日、5日，《华西都市报》报道，四川旺苍柑橘园爆发大食蝇病虫害；10月6日，广元市政府应急办向四川省政府递交关于旺苍县发现柑橘大食蝇疫情的应急快报，省农业厅立即赶赴旺苍县核查疫情，督导防控，严禁柑橘向外调运。与此同时，一条短信在悄悄流传：告诉家人和同事朋友，暂时不要吃橘子。不少人开始谈橘色变，蛆虫柑橘成了网络上各大论坛讨论的热点，广元柑橘事件开始爆发。

对此，四川广元市政府称，网上与短信流传的广元病虫柑橘流入市场的消息纯属谣言。

10月21日，四川省农业厅召开新闻发布会，就广元市旺苍县柑橘大食蝇疫情的情况进行通报，公布说明这次发现有大食蝇病虫害的只占到全县柑橘总数的8.9%，旺苍县已将蛆果全部摘除。

在澄清谣言的同时，四川省农业厅已向省公安厅网监总队报案，请求帮助查处柑橘大食蝇疫情谣言的制造者。各方权威人士都出面解释，柑橘大食蝇不会影响人体健康。然而，在湖北、重庆、江西、北京等地，橘子销售量急剧萎缩，果农损失巨大，以湖北省为例，蜜橘外销全面停滞，全省橘农损失高达15亿元。

政府信息的澄清为何跑不过网络与手机传信？

危机影响透过网络迅速扩散

柑橘蛆虫传言事件，恰好发生在公众草木皆兵的社会心态环境中。在经历了“致病猪肉”、“致癌香蕉”、“苏丹红”、“地沟油”等轮番的轰炸后，尤其是在三聚氰胺事件余波未平的时候，公众的食品安全心理脆弱得如惊弓之鸟。从Google Trends显示的数据上，我们可以看出，从

10 月 19 日开始，“柑橘生蛆”的搜索量指数以惊人的速度上升，“柑橘”的新闻引用量有上升趋势。这表明网民和媒体越来越关注柑橘生蛆问题。

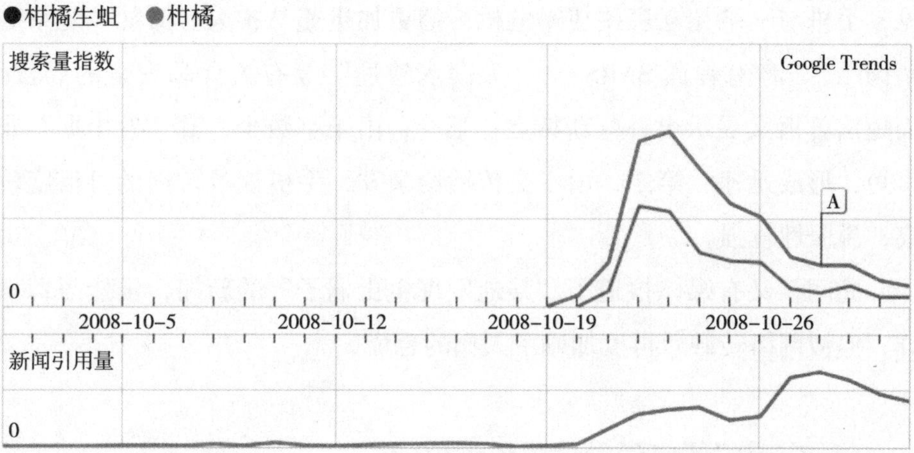

在如今社会公信力达到前所未有的低层次的状态下，人们通过谣言的传播来宣泄压力、转移恐惧，这是一种自我调适的方法。这符合美国著名心理学家费斯汀格提出的“认知失调理论”：人们认知失调后要采取某种行动，来使认知重新回到平衡的情况。

在这种社会心态影响下，最初由《华西都市报》报道的柑橘没有流向全国市场的事实已经无关紧要。

柑橘虽非我们生活的必需品，但也是大众食品。作为一个普通消费者，一想到即将食用或购买的柑橘中有蛆虫，这种恐慌与随之而来的愤怒情绪，足以让自我约束能力不够的人做出超乎理智的行为，包括对短信的再传播。

按照社会学家的分析，蛆虫柑橘是否产自广元，这其实也无关紧要。谣言的起源地与谣言中涉及事件的发生地，两者之间并没有必然的联系。如汶川地震中的很多谣言也并非是从汶川或四川产生的。

而此次以手机短信 + 网络的传播方式，在以往的传播方式中比较少见，手机与网络相互裹挟使得危机传播更加迅速与扩大。又如“北京病猪肉”、“海南香蕉 SARS”、“太湖水致癌”等有关食品安全的谣言。而短信传播又展示出一些新特点：第一，由于字数少，其“发生期”非常短，形成迅速；第二，由于是传播给亲友，手机谣言传播的可信度较高，说服性较强。

此间，又有媒体报道了“某地发现生虫橘子”的新闻，虽然语焉不详，但被网络转载后再度加剧了人们的恐慌。

广元柑橘事件的危机传播启示

对于谣言与不实报道等对社会危害严重的传言，政府在加大监管和惩治力度的同时，也不能一味地“堵”，更重要的是公开信息，加强舆论引导。

危机来临时，百姓最希望尽快听到权威、专业的声音。汶川大地震时，我国政府信息的及时、公开、透明受到世界赞誉，而目前在一些地方，信息发布的快速反应机制仍未建立起来。当突发事件发生时，有关部门常常失语，导致谣言泛滥失控。

在这次四川蛆柑事件中，当地政府进行危机处理失误之处就在于信息发布太迟。如果在刚出现虫害的时候就发布，就不会出现后来的短信；如果在刚出现短信的时候就澄清引导，就不会出现短信广泛流传的情况。所以，在信息化时代应对“传言危机”，必须学会运用信息化的策略。政府信息为何跑不过手机短信？柑橘事件为政府危机公关提供了三点启示：

1. 敏捷、准确地应对危机，拓宽信息发布渠道

短信利用了人们这样的心理：它是事实，在广元的确出现了这样的事情。但是这条短信给人另外的一个联想，就是说这是第一次发现，似乎很神秘。在不确定是真是假时，人们往往采取回避心理。柑橘有很多替代品，人们一听说柑橘有问题，宁信其有，不信其无，尤其是在奶粉事件发生之后，人们对食品安全更加警戒，所以大家觉得目前买不买柑橘无所谓，但是果农和经营者损失惨重。

有关方面在发布信息时用词不当，客观上加重了人们的担忧。发生在广元的柑橘大食蝇是一种普通的植物病虫害，规范的称呼就是大食蝇。有关方面使用“柑蛆”、“蛆柑”，客观上加重了人们的心理恐慌。

2. 加强政府信息的权威性和公信力

随着更多官方信息的披露，各方官员在不同场合亲身试吃柑橘，以证明橘蛆并不像网上盛传的那般可怕，加上多位农业专家出面解释，更多的人开始理性地面对蛆橘事件，对这场公关危机进行反思，一条普通的手机短信何以会制造这么大的舆论风暴。对此，知名媒体评论员长平认为，谣言本身难以避免，但谣言危害从本质上则是源自权威失信。

3. 建立危机预警及快速反应机制

在一开始发现柑橘生蛆后，政府就应该进行议题管理，及时制定应对策略。此外，政府要与媒体建立良好的关系，熟悉它们内部的信息选择标准和内部把关的程序，通过行政关系或协商关系实现信息调控。

第四章

网络博客危机应对策略

Web2.0 时代的到来，个人式的自由书写与表达已经成为信息社会的重要一部分，博客个人式媒体的肆意批评对企业的危机管理提出了重大挑战。博客的意义远非只是个人话语权力的自由释放如此简单，它所带来的信息传播、话题引导以及可能带来的舆论危机，正在深刻改变着商业运行规则。

迅速崛起的博客世界

2008 年 11 月 7 日，国务院新闻办公室副主任蔡名照在上海召开的第二届中美互联网论坛上表示，中国博客数量已达到 1.07 亿，网民拥有博客的比例高达 42.3%。

蔡名照指出，随着互联网应用在中国高速发展，中国更多网民参与网上内容创造。Web2.0 服务受到中国网民的欢迎，激发了网民的创造热情，“用户产生内容”（5CC）、“用户产生应用”（5CA）成为中国互联网发展的新亮点。蔡名照说，2007 年中国有 4 000 多万个人博客，现在中国的博客数量已过亿，这大大丰富了网上信息内容。

而世界上最大的博客搜索引擎 Technorati 在 2008 年年底公布的一份有关博客的报告显示，这种新兴网络文化正以强劲势头挺进人们的现代生活。报告指出，全球目前平均每天新增博客 12 万个，即每秒新增 1.4 个；博客上每天新增文章 150 万篇，即每秒 17 篇；全球最受欢迎的 100 家网站中有 22 家为博客网站。

统计数据还显示，从 2006 年 10 月至今，博客数量增长速度有所放缓，一个可能的原因是，博客总体数量已经相当庞大。博客数量从 500 万增至 1 000 万，只用了 180 天；从 3 500 万增至 7 000 万，则用了 320 天。总的来看，博客文章更新的增长速度也相对减缓，但不排除有重大事件发生时出现博客文章数量激增的现象。“2007 年夏天，以色列与黎巴嫩真主党发生冲突，博客文章数量一度达到高峰”，Technorati 公司创始人戴夫·西夫里说。

Technorati连续4年来追踪全球博客发展情况，由此得出结论：博客从刚起步时不为人知、招致各方批评，而现在已经日趋成熟，得到广泛认可。报告中说，2007年第三季度，在全球100家最受欢迎的网站中，12家为博客网站。这个数字在第四季度增至22家，证明了博客网站越来越成为人们了解新闻和信息的主要渠道之一。

调查显示，人们越来越倾向于从博客网站上获取信息，其可信度不亚于《纽约时报》这样的媒体网站。报告还说，对于大量网民来说，博客既是新闻，也是娱乐，而不只是一个简单的个人信息发布空间。如今，通过RSS订阅等多种信息交流方式，人们已经把博客升级为一种社会化的开放性交流平台，在此结识和汇聚更多朋友，并相互展开深度交流与沟通。

对于大量网民来说，博客既是新闻，也是娱乐，而不只是一个简单的个人信息发布空间。

报告也指出，博客目前面临的最大问题是广告等“垃圾博客”的影响，但随着博客网站供应商从2008年1月起开始采取抵制行动，“垃圾博客”数量开始减少。

“所有健康的生态系统都有寄生虫，而重要的是系统自身是否具备相应的抵抗力，”西夫里说，“幸运的是，网络本身具备这种能力，因此我相信这个问题能够得到解决。”

报告发现，日本人是全世界最喜欢写博客的民族。在全球博客中，37%为日语，其次是英文博客，占总数的36%，而中文博客以8%的比例占据第三位。此外，中东国家也开始有越来越多的人写博客，波斯语博客刚起步，所占总数的比例就升至第十名。

报告还发现，日本人不仅白天写，夜里也勤于更新自己的博客。作为全球性语言，英语和西班牙语的博客可以做到全天 24 小时不间断更新。而中文和意大利文的博客受到写手地理分布的影响，更新时段较为集中。

警惕来自博客的攻击

多年前，博客（blogger）还只是供人们保存网络日记的捷径之一。但现在，博客成了攻击品牌或他人、宣扬偏激思想与观点乃至发动大规模诋毁活动的终极武器。而且，反击来自博客的攻击并不容易，通常被诽谤的对象根本没法揪出真凶是谁。在这个肆无忌惮的崭新传媒面前，任何组织或个人都可能被攻击。曾遭博客抨击的受害者中，包括鼎鼎大名的微软、宝洁、英特尔、戴尔等行业领军企业。

“博客的危害性超出了人们的认识，而且只会变得越来越危险。这就是我们需要面对的现实。”辛辛那提州搜智公司（Intelliseek）的营销主管彼得·布莱萧（Peter Blackshaw）说。该公司通过监控上百万个网志的内容，为 75 家客户提供服务，防止它们遭到来自博客圈的“暗算”，其客户包括宝洁公司和福特公司。承担微软主要公关事务的 WE 公司（Waggener Edstrom）执行副总裁肖富兰（Frank Shaw）表示：“品牌被博客攻击后，信誉被毁的可能性真的很高。如果网志空间里出现了绘声绘色的有害信息，我们通常只有几个钟头的时间，必须抢在恶劣影响扩散之前采取行动。”

现在有些公司把博客当成了武器，纠集大群博客来打击竞争对手。在中国许多竞争高度激烈，特别是处于寡头垄断型的行业中，最容易出现企业之间的相互攻击与暗算，而通过博客打击对手就是其中常用的手段之一。

博客危机：没有硝烟的战争

与谷歌的出现一样，“博客”是我们这个时代最具想象力、最激动人心的事物，它所代表的意义以及带来的巨大影响力，正在以无可阻挡的势头改变着我们的时代及生活。

对于企业而言，博客就像一把双刃剑：既可利用博客传播为达到某个目标而粉饰太平或鼓吹利好，也能被消费者利用博客发表负面评论、制造舆论危机。中国正在迅速崛起的博客流，已经成为平面媒体、门户网站之外的新一类影响力惊人的媒体。对博客力量的忽视，使得许多经验丰富的跨国企业阴沟翻船，最终付出巨大的代价。

对于企业而言，博客就像一把双刃剑：既可利用博客传播为达到某个目标而粉饰太平或鼓吹利好，也能被消费者利用博客发表负面评论、制造舆论危机。

与传统媒体所制造的舆论危机不同，博客危机更像一场没有硝烟的战争。这些个人式的批评、似乎无足轻重的抱怨，随着时间的推移与言论的累积，最终可能转变成一颗轰向企业的重磅炸弹。

博客危机：一个人与一家跨国公司之间的战争

2005 年称得上是跨国企业中国危机年，宝洁、联合利华、强生、雀巢等跨国巨头相继陷入各种各样的危机事件之中。一直远离喧嚣的惠普，怎么也想不到一名小小的消费者利用他的博客给惠普制造了一场全国性的信任危机。

广州白领林先生在2005年5月份购买了一台惠普台式电脑，电脑在3个月内频频死机、异常。他多次向惠普致电，并依照惠普保修卡上的“第一年上门服务”条约，希望惠普工程师上门给予检测解决问题，但惠普一再推托不肯上门，林先生无奈投诉至广州消费者协会，希望消费者协会出面协调。不料，消费者协会在向惠普广州分公司工作人员转达意见时被惠普人员强硬驳回。

四面碰壁的林先生一怒之下，在自己的博客上，连续撰写“惠普无道：一名中国消费者对HP的恶劣体验”、“惠普无道续：惠普请承担起勇敢抉择的责任”、“质疑惠普：跨国企业的金牌服务为何会变色?”系列文章，这些文章被其他博客网站转载，许多领受过惠普傲慢服务态度的消费者迅速跟帖并自发转载。

在短短两天之内，IT世界、天极网、太平洋电脑网、新浪、网易、中华网等重量级网站纷纷在头版或重要位置上转载这些博文，随着话题的不断升级，许多平面媒体也开始关注此事，一场关于惠普电脑的信任危机终于爆发。

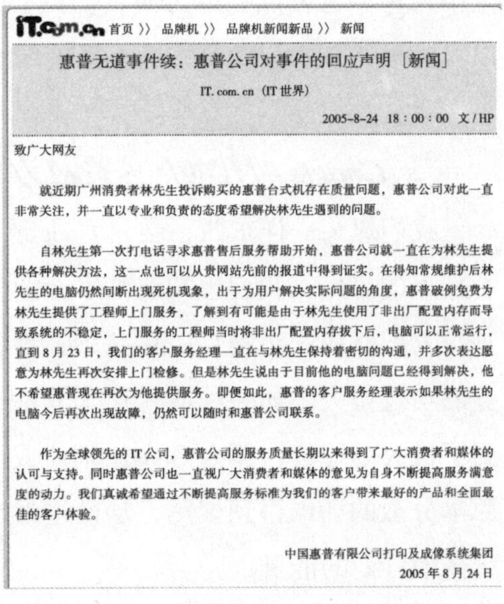
IT.com.cn 首页 〉〉 品牌机 〉〉 品牌机新闻新品 〉〉 新闻

惠普无道事件续：惠普公司对事件的回应声明［新闻］

IT. com. cn（IT世界）

2005-8-24　18：00：00　文/HP

致广大网友

就近期广州消费者林先生投诉购买的惠普台式机存在质量问题，惠普公司对此一直非常关注，并一直以专业和负责的态度希望解决林先生遇到的问题。

自林先生第一次打电话寻求惠普售后服务帮助开始，惠普公司就一直在为林先生提供各种解决方法，这一点也可以从贵网站先前的报道中得到证实。在得知常规维护后林先生的电脑仍然间断出现死机现象，出于为用户解决实际问题的角度，惠普破例免费为林先生提供了工程师上门服务，了解到有可能是由于林先生使用了非出厂配置内存而导致系统的不稳定，上门服务的工程师当时将非出厂配置内存拔下后，电脑可以正常运行，直到8月23日，我们的客户服务经理一直在与林先生保持着密切的沟通，并多次表达愿意为林先生再次安排上门检修。但是林先生说由于目前他的电脑问题已经得到解决，他不希望惠普现在再次为他提供服务。即便如此，惠普的客户服务经理表示如果林先生的电脑今后再次出现故障，仍然可以随时和惠普公司联系。

作为全球领先的IT公司，惠普公司的服务质量长期以来得到了广大消费者和媒体的认可与支持。同时惠普公司也一直视广大消费者和媒体的意见为自身不断提高服务满意度的动力。我们真诚希望通过不断提高服务标准为我们的客户带来最好的产品和全面最佳的客户体验。

中国惠普有限公司打印及成像系统集团

2005年8月24日

惠普罕见地向全国媒体发出声明

在林先生几篇博客文章发表之后，在其他媒体的推波助澜下，惠普开始意识到舆论危机的压力，一方面放下高傲的姿态迅速与林先生取得联络，希望私下协调解决；另一方面，罕见地撰写正式书面回应函，连续两次向全国刊出此报道的主流媒体通报事件，同时出动公关公司四处活动，利用惠普强大的势力压住其他媒体对此事件的持续追踪报道。

无独有偶，在美国，戴尔公司因为拒绝更换和维修一个损坏的笔记本电脑而得罪了一个名叫 Jeff Jarvis 的消费者。Jeff 是个资深媒体人，他利用自己的博客连续撰写抨击戴尔的文章，经过网络的疯狂转载之后，Jeff 这些博客文章给戴尔带来很大的负面影响。

如果说博客是一场平民话语势力的全面释放运动，那么，博客时代的企业危机就是一场让人防不胜防的舆论危机。一个人可以挑战一家巨型跨国企业，一个人就可以打响一场影响广泛的舆论战争。你可以是一个小人物、也可以势单力薄，但只要你掌握足够的话语权，你就可能以以弱胜强的方式，赢得一场不见硝烟的战争。

Google 时代的博客危机力量

我们想买一样东西，会先 Google 一下，看看别人的意见；我们想知道某家企业的历史背景与发展路线，会先 Google 一下，看看这家企业的功过得失。如果说博客让个人话语权力得到了极大的释放，那么 Google 则让成千上万个原本分散的话语得到聚焦，从而迸发出巨大的褒扬或针砭的能量。

> 如果说博客让个人话语权力得到了极大的释放，那么 Google 则让成千上万个原本分散的话语得到聚焦，从而迸发出巨大的褒扬或针砭的能量。

美国一个叫吉姆的年轻人偶然间发现，使

用一种叫 Bic 的圆珠笔能够轻而易举地撬开到处都在使用的 Kryptonite 牌 U 型锁，他怀着一种揶揄的态度，将他的“神奇发现”写进了他的个人博客。

吉姆的博客由于是个人所有，其浏览者只是一些朋友及同事，影响的范围很有限。大家看到吉姆关于 Kryptonite 牌 U 型锁的描述时，大多只是会心一笑，外界多数人并不知晓 Kryptonite 牌 U 型锁这一秘密。

凑巧的是，《纽约时报》的编辑准备做一期关于 U 型锁的专题，他在通过 Google 搜索关于美国 U 型锁的一些背景资料时，无意间在链接中看到了吉姆在博客中所描述的情节。编辑在半信半疑的情况下，按照吉姆的指示方法进行尝试，结果果真如此。第二天，《纽约时报》大版面刊登了吉姆的文章，并附上了编辑的感言。

《纽约时报》的文章迅速激起人们的兴趣，不断有人通过各种方法去测试 Kryptonite 牌 U 型锁的开锁弊端，更有好事者通过 Google 搜索 Kryptonite 公司其他类型锁的一些不良记录，并做成了网络专题。人们在网络博客上进行讨论，互相交流，在成千上万个博客的推动下，Kryptonite 公司面临一场空前的压力，最后宣布回收所有的 U 型锁，损失近 1 000 万美元。

Google 时代是一个注意力的时代，任何一个话题、一次危机事件，只要成为焦点，感兴趣者就可以迅速通过 Google 的搜索，将各种各样的意见、评论集结在一起，形成影响巨大的舆论浪潮，而许多小小的博客的势力正是因此而被放大。

相对于以往的危机影响，Google 时代的博客危机更具有杀伤力与破坏力。其特点有以下三点：

1. 危机联结的力量更加强，危机追溯的时间更长雀巢金牌 3+ 奶粉被曝出碘超标事件之后，除了平面媒体的穷追猛打之外，许多网站、个人博客也不断跟踪事件的发展，这些网站及个人博客通过持续的刊载事件进展，也吸引了大量的网友评论，同时他们还能通过 Google 搜索，将雀巢以往发生过的一切危机事件如转食品基因事件、世界性抵制雀巢风波等事件，以各种方式做成了专题，这无疑对雀巢危机起到了推波助澜的作用。

在前 Google 时代，关于企业的危机报道与负面信息是分散的，某一篇报道影响的只是特定时间、特定区域中的特定人群，而在 Google 助力下的博客时代，一切局限都被打破。阅读者不仅可以立即对危机报道作出评论，进行自我宣扬，更可以通过搜索技术将各种分散的信息统一起来，形成强大的舆论浪潮。

2. 危机传播的速度更快，范围更广

光明发生“黑心奶”事件之后，由于光明董事长王佳芬的处理失当，不仅诸多传统媒体群起而攻之，无数个人博客也从不同的立场表达愤激。光明的危机事件以及王佳芬的言论失误，被许多个人博客改编成小小说、FLASH 笑话，甚至是相声。在各种媒体、博客的推动下，光明危机在短短几天内就传遍了全国，一次行业性的危机迅速上升到大众层面，许多老百姓都知道了“光明 = 黑心奶”，光明股价一落千丈，各地市场相继坍塌。

3. 危机的病毒式自我繁殖与复制

博客的特点就是可以自由书写，自由表达言论，书写者可以在原有新闻之上，加上自己的情感、判断、意见，从而成为一条“新新闻”——这种自由书写的方式往往成为危机爆发的温床，任何一条平常无奇的新闻在这里经过处理、加工之后，可以如病毒般自我繁殖，迅速成为一条大新闻。

2005 年 4 月份发生高露洁牙膏含有致癌物质的事件，一开始只是英国一个地方性的小报纸刊载了相关机构并不确定的测验结果，在英国也无人关注。但有中国消费者通过 Google 的偶然搜索，发现了这则不起眼的新闻，经过加工，成了一条爆炸性的大新闻，平面媒体迅速跟进，一时间全国上下热炒，最终逼使高露洁中国公司不得不高调回应。

博客危机背后的力量

中国的网民正在迫近 3 亿大关，而根据权威统计，至 2008 年止，中国已有博客超过 1 亿，同时这个数字还不断增长着。1 亿个博客、1 亿个写作者、1 亿家个人式媒体……当全民写作的宏大叙事成为一种时尚、一种潮流、一种趋势时，其所蕴藏的巨大信息爆发力及舆论影响力，是任何一家平面媒体难以望其项背的。

我们已经进入 Web2.0 时代，博客的力量正在被越来越多的个人及企业所关注。这场类似于 14 世纪欧洲文艺复兴的博客流，正在不断推动着民间思想及文化话语进入主流语境，而对于整个商业社会及企业而言，博客的意义远非只是个人话语权的自由释放如此简单，它所带来的信息传播、话题引导以及可能带来潜在的舆论危机，正在深刻改变着商业运行规则。

对于企业而言，博客上的负面评论很多时候不只是简单的个人式的激愤之言，更可能是一场潜在的大危机来临的前兆。回顾以往，使许多博客危机迅速蔓延、深化，最终演变成全国性大危机的推动力量，不是博客作者的刻意为之，而是企业的漠视，使得小小博客言论批评最终呈现燎原之势。

正视博客的巨大力量，正确防范博客危机可能带来的舆论影响力，有效地利用博客的特点为企业服务，这是许多具有战略前瞻眼光的企业成功的原因。

网络时代，企业如何应对博客危机

必须承认，在Google时代，博客已经蜕变成个人式的媒体，除了影响力之外，在信息刊载、新闻发布、企业评论等各个方面，都可以与传统意义上的媒体分庭抗礼。对于企业而言，出现舆论危机、负面报道的范围已经从平面媒体、门户网站，扩展到成千上万个博客网站。作为个人式的言论阵地，博客们随时随地可以利用自己的“媒体”去抨击企业、产品，甚至无中生有去给企业制造一场人为的危机。企业要如何去防范这种不见硝烟的危机暗战呢?

企业应对博客危机可以采取下面四种方式:

1. 建立企业博客，健全企业与外部的信息沟通渠道

许多时候，消费者之所以在博客中对某企业或产品痛加抨击，并不是完全出于恶意，而是由于缺乏与企业正面沟通的渠道，无法将自己的意见与企业沟通。而企业建立自己的博客，目的就在于为消费者创造一处可以与企业互动交流的平台。

通用汽车是第一家开设有企业博客的公司，通用副总裁亲自主导这个企业博客，与一线客户直接进行沟通交流，许多意见与投诉在这里也得到了解决。随着通用企业博客知名度的不断提高，这个平台已经成为通用对外宣传、处理潜在危机的有效载体。

2. 成立专门部门，对博客世界进行系统的信息监察

预防危机报道的最有效方法之一就是对危机来源进行定期监察。而企业必须在监察平面报道、门户网站的同时，也对个人博客进行监察。使用搜索软件的关键字报告、在Google进行搜索都是可行方法。一旦发生危机的蛛丝马迹，企业就应立即采取行动，以防星星之火呈现燎原之势。

3. 制造新的关注焦点，转移危机事件话题

在一个注意力的时代，大众的关注眼光很容易被吸引，也很容易被分散。当博客危机出现时，企业可以采取的方法之一，就是迅速制造某些更新奇、更戏剧性但对企业名声没有损害的事件，以期将大众对企业的危机事件密切关注引向新的话题。

广州本田在“婚礼门”危机事件爆发后，无数媒体与大众都在密切关注着此事件的进展，在此危机风口浪尖之上，广本却在广州总部隆重举行了新车下线发布仪式，邀请诸多业界名流、记者到场。从危机公关的角度，广本在没有对事件惨案作出正面解释之前举行企业庆典，此举虽不符合企业责任道德，但却是转移关注焦点的有效方法。

4. 诉诸法律手段，通过法律的手段强制抑制

2004年蒙牛牛奶在湖北、广东、湖南被人恶意下毒，肇事者到处散布各种谣言，一时间各种传统媒体及网站都跟风报道，蒙牛面临巨大的压力，在苦思无法之后，牛根生直接上书国务院及公安部，希望政府出面拯救企业。在国务院的批示下，公安部立案调查，并迅速对事件进行结案，并下文明令禁止各媒体、网站再对此事件进行报道，危机至此平息。

当企业发生被人刻意诬陷、产生错误的危机报道之后，将企业逼到了生死存亡的边缘，可以考虑通过法律的手段去控制危机舆论的继续蔓

延。在中国这种特殊的舆论监管制度下，强有力的监管方式可以在最短时间内让舆论论调转向或平息。

员工博客舆论管理：来自 IBM 的启示

随着 Web2.0 时代的深入发展，中国博客的数量也获得爆炸式的增长。而迅速扩张的博客世界不仅刺激了大量个人式媒体的产生，更给企业的危机管理带来严峻的挑战。而对于企业而言，要防范的不仅仅是外部博客带来的危机事件，来自内部员工博客引发的危机事件也越来越频发。

如何有效管理员工博客，疏导员工的不良或敌意情绪，为企业创造一个良好的舆论语境，这对于任何企业来说都是一场迫在眉睫的事，而 IBM 在这方面做出了很好的典范。

IBM 有效员工博客管理的启示

据统计，目前超过 1/3 的中国年轻人都拥有了自己的博客，有的甚至拥有两个以上的博客。而那些在外企工作、思想更为活跃的经理人当中，拥有个人博客的比例几乎占到总人数的 1/2。博客写作不仅是一种时髦，更是年轻人自由思想的一种表达。对于企业来说，要完全控制员工写作博客，几乎是一件不可能的任务。对其进行有效引导与有效管

> 在外企工作、思想更为活跃的经理人当中，拥有个人博客的比例几乎占到总人数的 1/2。博客写作不仅是一种时髦，更是年轻人自由思想的一种表达。

理，充分发挥员工博客的好处、控制其可能产生的负面影响，则是企业进行员工博客管理的重点，而IBM就是其中的佼佼者。

为了更好防范内部员工到一些对公司存在敌意的媒体中开设博客，IBM主动为员工开拓博客空间，鼓励他们集中到此处安营扎寨。在过去18个月里，蓝色巨人IBM公司的内部博客服务已增长为近9 000名登记用户。在外部，IBM还开设了20多个各种以开发商中心为话题的博客。而IBM内部相关部门统一管理着这些公司内部和外部的博客网站。

另外，IBM还积极鼓励其32万名员工使用博客工具，但要求员工要谨慎地使用博客。IBM博客规定的重点是公司员工应当如何使用博客，以及如何在博客写作与工作之间保持平衡。员工博客应为IBM的业务增值，不能随便发表针砭公司政策与管理的言论。如果提到与IBM有关的工作，员工必须使用实名，清楚地表明自己身份和在公司里的工作岗位。

其次，对那些在自己博客上谈论与IBM有关话题的公司员工，则要求他们使用自己的最佳判断，并且要明确表示他们的观点和意见仅仅代表个人，而不是代表IBM的官方观点。更重要的一点是，员工博客应避免泄露公司的知识产权信息，如果没有征得用户、合作者和供应商的同意，也不应在博客中提到他们。

IBM出色的员工博客管理，既为全体员工提供了一个充分表达思想与意见的空间，及时有效地疏导员工某些不良的情绪，同时指引明确的博客原则又让员工知道自己在发表言论时所必须遵守的尺度与原则。正是这种一张一弛的管理法则，使得IBM数量庞大的员工博客非但没有成为危机导火索，反正有效地促进了内部的交流。

疏导、监察、指引：员工博客的三项原则

为了使员工博客不成为企业危机的导火线，企业可以通过以下三项原则去管理员工博客：

1. 开设企业高管博客，对员工博客的情绪表达进行有效疏导

许多时候，员工之所以在自己博客中对企业痛加抨击，并不是完全出于恶意，主要是缺乏与企业高管正面沟通的渠道，无法将自己的意见与其沟通。而开设企业高管博客，可以用高管的名义，定期与员工进行交流，及时疏导员工的不良情绪，为员工创造一处可以与企业高管互动交流的平台，预防员工在自己的博客上因情绪不良而发表过激言论。

同时，企业高管博客也可以成为企业危机发生之后，向外界随时传递事件进展的有效渠道，避免员工博客的负面信息发布影响了外界的判断。

2. 对员工博客进行统一管理，并对定期进行信息监察

与 IBM 一样，在明确知道员工写博客是一件无法避免的事情后，企业可以主动开拓空间去邀约员工在公司网站扎根开博，而员工在统一的空间开设博客，这无疑大大有利于企业对其进行统一管理。

同时，企业可以借助外部专业网络信息监察公司，通过对员工博客、留言板和网络论坛等各类网络互动社区的监测，搜集各种敏感话语，以便进行及时处理。一旦发现员工博客中危机的蛛丝马迹，企业就应立即采取行动，以防星星之火呈现燎原之势。

3. 制定清晰的员工博客指引规则，博客文化应成为企业文化的一部分

什么样的企业文化便会熏陶出什么样的员工。一个在管理严明有序，规章制度合理明确，充满人性化关怀氛围下工作的员工，其行为及言论也不会太过离经叛道。所以，企业希望员工的博客风格或言辞表达必须

在什么样的尺度与范围之内，最重要的就是建立清晰有效的指引规则，并一贯有效地推行，使博客文化成为企业文化的一部分。以企业文化为引导，久而久之，员工的博客言语表达大致就不会超出企业可容忍的范围。

案例解读：博客挑战：阿迪达斯与星巴克如何身陷舆论危机

2007 年 12 月，就在阿迪达斯赞助北京奥运会不久，阿迪达斯推出一系列跟奥运相关的平面及电视广告，有网友在博客上撰写了一篇文章“阿迪达斯的广告为何让人产生恐怖感”，对阿迪达斯的奥运广告策略进行质疑。

网友在博客中这样写道：“当我第一次看到此广告片时，为这种虚实结合的表现手法所吸引，心中猜想肯定是大品牌的广告。但是，天天在地铁电视上看到此广告，看到一个个真实的奥运选手踩在一群全身灰色的人头上，尤其是底下万手伸出、人头涌动时，一种异样的感觉同样油然而生。正如我那个朋友所言，那些灰色的人群令他想到像是地狱才有的真实场景，那是一种与真实世界隔离开了的灰色与冷色，乍看让人觉得震撼，继看觉得异样，再看觉得产生一种恐怖的阴冷。”

“从营销策略角度来看，阿迪达斯这则‘一起2008，没有不可能’的广告非常有创意。既邀约群众一起参与奥运，也表达了阿迪达斯的核心理念：众志成城、团结一心，没有什么是不可能的。但是从奥运的整体表现色调来说，这则广告的表现手法有待商榷。在中国的文化认知中，红色是热情、喜庆、胜利的标志，灰色则是沮丧、失败，甚至是死亡的代表。在奥运大背景下，宣传以奥运为主题的广告片，竟然起用如此大片的灰色人群来表现，有些令人吃惊。当然，创意者的初衷或许是想用灰色与红色来代表虚拟与现实的界限，但却忘记了在中国的文化认知中，如此面呈灰色的人群、如此灰色的万头涌动的场面会让人产生恐怖的联想，这实在是与阿迪达斯的设想背道而驰。”

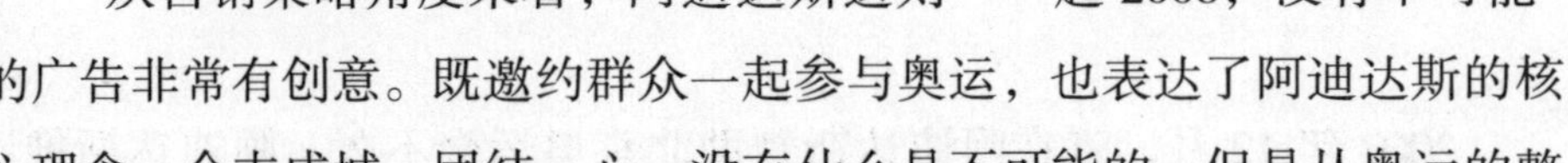

短短几天时间，“阿迪达斯广告恐怖”的帖子数量暴增

文章一石激起千层浪，立即引来大量网民的关注。更多的博主以及网民都加入到这场论战之中，许多门户网站更是以专题的形式进行报

道，在几天时间内，话题所形成的帖子及报道已近 40 万篇。舆论危机影响迅速扩张，这令阿迪达斯有些措手不及——在奥运营销策略大张旗鼓准备进行推进时，一篇不经意的博客文章打乱整个战略部署。

而在更早之前，在中国发展一直顺风顺水的星巴克，也万万没有想到一篇博客文章竟然让企业置身于舆论旋涡的危机之中。

央视主持人芮成钢在他的博客中写道：“星巴克开在故宫里面，成为世界对于中国紫禁城记忆感受的一部分，实在太不合适。这不是全球化，只是侵蚀中国文化。”芮成钢因为故宫星巴克，曾经与星巴克的总裁当面交锋过，但星巴克总裁却没有履行对芮成钢的诺言，芮成钢因此有了再次声讨的想法。这一次，他用博客挑战。

根据博客的计数器显示，芮成钢的帖子在短时间内被阅读了 50 多万次，他提出的关闭故宫这个咖啡馆的要求也成为全社会的呼吁。有人抱怨称，这家著名的美国咖啡连锁店开设在旧日皇宫里，构成了“对中国文化的不尊重”。围绕星巴克开在故宫而发生的争论显示，星巴克搬离故宫，在中国的网站上已经变成了一个保护民族主义文化遗产的旗帜，星巴克这家外企面临着触犯中国民族主义情绪的风险。而星巴克的麻烦，源自于网民对芮成钢谴责星巴克在故宫开店的浩大支持。

网民舆论普遍认为，这家咖啡店的存在会破坏故宫的整体布局和层次，一位名为“gmbiedrd”的网友写道：“不仅是文化古迹，越来越多的旅游胜地也受到外来文化的冲击

和影响，我们一定要坚持和发扬中华民族的传统文化。”另一位署名“phare”的网友甚至带点极端民族主义的情绪愤怒地表示：“希望允许我们把四川麻辣烫的摊点摆到白金汉宫，以显示大英帝国的兼收并蓄，海纳百川。”在网上出现抗议之后，故宫的主管部门称，正在慎重考虑是否让这个开设了6年之久的星巴克咖啡馆搬出故宫。

芮成钢当初也许根本没有想到，自己一篇小小的博客，会引起一场关于外企尊重中国民族文化的全民大讨论，警示故宫的主管部门注意“过度商业化”的问题。在博客写作之前，无论是广播、电视还是传统的报纸、杂志，平民百姓的一场呼吁无论如何也起不到如此重大的影响。

以星巴克事件为例，芮成钢的帖子点击总数也只有50多万。这个事件能得到更广泛的关注，主要还是靠后来数以百计的平面媒体的报道。如果没有传统媒体，事件可能影响力在50多万人次这个位置上就会停住了。

所以，从网络危机扩散的方面，新旧媒体之间相互融合才是真正可怕的：博客上的话题引起了网民关注，而平面媒体的迅速跟进，使得事件影响力快速扩散，接着又引来更多的博客评论。这样几个周而复始的循环，事件的影响就会产生爆炸式的扩张。

以博客的名义挑战企业，以博客文章去抨击企业策略从而给企业造成重大的舆论危机，已经成为当下企业危机产生的原因之一。

第五章

e 见领袖的沟通管理策略

他们不一定是知名学者、明星、媒体人士，他们也许勤于笔耕，他们也许只是乐于分享，他们或者对某一款产品了如指掌……在网络上，他们被称为 e 见领袖——他们的观点与意见可以引爆一种品牌产品的流行，他们的批评与投诉可以给一个企业带来危机。

e 见领袖：网络中影响 90%网民的 10%

庄庆镇是一个刚刚参加工作的年轻人，同时也是一个潮流的追随者，他每次购买手机、MP3、数码相机等电子产品后，总会习惯在自己的博客上写上一小段自己的使用感受与评价。慢慢的，他的观点与意见就在朋友圈中引起一定的关注，大家在购买某款电子产品之前，都习惯先参考一下他的评论意见。

> e 见领袖是指在人际传播网络中经常为他人提供信息，同时对他人施加影响的“活跃分子”，他们在大众传播效果的形成过程中起着重要的中介或过滤的作用，由他们将信息（有正面的也有负面的）扩散给受众，形成信息传递的两级传播。

与庄庆镇一样，越来越多的消费者喜欢在使用某种产品之后，将一些使用的感受贴在自己博客或论坛之中。尽管有时只是短短的几句话，但他或她的使用感受与观点却可能使另一名潜在消费者作出选择或放弃购买的决定。在网络上，大约 10%左右的网友经常通过 Blog、BBS、邮件、电子杂志、Podcast、Wiki、手机简讯、Messager 等多种传播手段影响着其他近 90%网友的观点和态度，而这些乐意与其他网友分享观点、意见，提出质疑或批评的网友，我们称之为 e 见领袖。

e 见领袖是指在人际传播网络中经常为他人提供信息，同时对他人施加影响的“活跃分子”，他们在大众传播效果的形成过程中起着重要的中介或过滤的作用，由他们将信息（有正面的也有负面的）扩散给受众，形成信息传递的两级传播。

e见领袖与博主的身份往往互为交叉。许多e见领袖本身就是出名的博主，但更多的e见领袖却只是一时兴起的话语表达者，他们的意见表达往往是随意、无序、分散的。而博主由于拥有固定的网络话语表达渠道，他们对议题的影响力比起一般的e见领袖更强，所以他们在特定的条件下，更容易扮演e见领袖的角色。如校园网中，某个同学对学校饭堂中肯的批评往往能引来一大批话题跟随者回应，从而形成局部的舆论讨伐声潮。

e见领袖在两级传播中扮演着重要角色，是人群中首先或较多接触大众传媒信息，并将经过自己再加工的信息传播给其他人的人。他们具有影响他人态度的能力，由于他们介入大众传播，加快了传播速度并扩大了影响。

舆论领袖一般颇具人格魅力，具有较强综合能力和较高的社会地位。在社交场合比较活跃，与受其影响者同处一个团体并有共同爱好，通晓特定问题并乐于接受和传播相关信息。

在对舆论领袖的研究中发现，决策过程中不同的媒介扮演不同角色，人际影响比其他媒介更为普遍和有效，能够保持基本群体中的内部意见和行动一致。

e见领袖这些非主流的人群，与周笔畅、李宇春等从草根阶层走红的偶像明星不同，与传播学中那些知识渊博和见解独到的舆论领袖也不尽相同。他们在现实生活中与邻家女孩、男孩看上去并无二致，甚至更为羞涩内向，不善表达。但是，透过网络特殊的传播机制，他们的正面观点与负面批评却都能迸发出巨大的影响力。

谁是e见领袖

究竟谁是网络世界中的e见领袖？e见领袖就是能够通过网络经常性地影响别人态度与行为的人。从逻辑上说，我们提出一些确定e见领袖的标准并不难，但问题在于，不同的产品、不同的场景，e见领袖的角色往往处在流变之中。比如，如果在1组，A是时装方面的e见领袖；可是，在2组中的A可能就是一个国际时事话题方面的意见跟随者，而B才是2组的e见领袖。

根据美国市场一份对e见领袖的调查发现，能担当e见领袖的网民往往有很高的活跃度，他们平均每天与45人交谈（见面、电话和网络）。与普通市民相比，他们看电视的时间更少，并且更倾向于相信商家派发的优惠券、参加各类活动、发信息。82%的e见领袖能够感受到自己对周围人的影响力，而乐于分享的精神是与生俱来的特质，并非是出于商家的蛊惑或金钱的激励。当然，在很多研究者看来，e见领袖就好像是隐形人，难以捉摸。但传播学者数十年的研究积累为我们寻找e见领袖奠定了很好的基础。归纳起来，大体上可以把确定e见领袖的标准分为以下几类：习性、地位、教育、信用、个性和创新。

1. 习性相近原则

物以类聚，人以群分。e见领袖通常与受其影响的人有着相似的价值观和处世态度。但同时，e见领袖又与受其影响的群体在个人兴趣与专业技能上有差异。有研究发现，如果e见领袖与某个群体的价值观、兴趣比较相似，则意见交换的频率通常更高。

2. 社会地位

就社会地位来说，e见领袖的社会地位通常比其影响群体要略微高一些，但不会高出太多。地位的差异对 e 见领袖施展其影响力非常重要，因为地位的略微高出会使 e 见领袖在说服他人的时候更有力量。

3. 教育程度的原则

e 见领袖通常是某个领域的专家或准专家，因此 e 见领袖受教育程度往往高出其影响群体一筹。此外，e 见领袖获取信息的渠道也比其影响群体更多元，更频繁地参加各类自身圈子之外的活动。

4. 信用原则

e 见领袖并不代表某个特定公司的利益。正因为如此，e 见领袖能够赢得他人的信任。e 见领袖通常比一般人花更多的时间来研究产品，而由此增加的产品知识也使得他们获得更多的信任。

5. 个性化的原则

个性化就是人们感受到的自己与别人不同的状态。当然，值得注意的是，e 见领袖的个性化程度并不能使之与受其影响的群体相差太大。不管其实际的动机是什么，个性化总是使 e 见领袖容易赢得别人的注意。因此，e 见领袖在自己的群体中通常是比较外向的、自信，而且对他人的批评比较宽容。

6. 创新的原则

e 见领袖的创新能力并不表现为他们能够创造新产品或类似的东西，而在于他们能根据自己的经验、常识，

AIDMA 向 AISAS 营销方式的转变

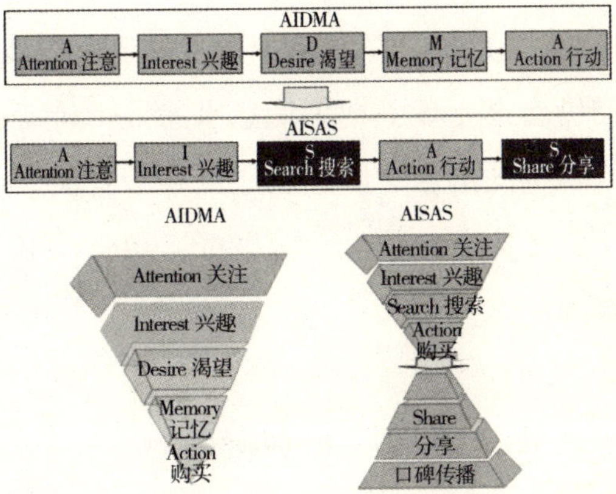

从 AIDMA 到 AISAS，不仅仅是营销的方式转变，更重要的是信息传播与获取方式发生了重要变化，e 见领袖的重要性开始显现

把握新的消费机会，较少受社会上现有的消费习惯影响。因此，e见领袖通常都是新产品或服务推向市场初级阶段的最早尝试者。

以手机行业为例，e见领袖可以分为三类：关注产品的资深玩家、关注企业的行业专家、关注舆论内容的论坛版主与管理员。他们身份各异，特长不同，但是相同点就是对手机行业的话题保持高度的活跃度，愿意评论并与人分享，也喜欢批评与质疑。

不同性别的e见领袖关注内容有所不同。通常，男性e见领袖更关注技术和数码产品等话题，而女性则偏向于美食、健康和女性话题（如美容、育儿等）。知名公关公司博雅曾对e见领袖有过深入的研究，认为有三种另类e见领袖非常值得关注：技术族e见领袖、妈妈族e见领袖和90后e见领袖。

技术族e见领袖

顾名思义，他们对于技术话题更感兴趣，并且通常在伙伴间扮演“内行”角色。在专注于技术的e见领袖中，80%左右会阅读博客，但自己仍会进一步去搜集信息来验证。传统媒体仍然会成为50%左右e见领袖首选的信息来源。从这点不难看出，尽管越来越多的受众倾向于从网络获得快捷的信息，但报纸、杂志、电视等传统媒体的影响力依然难以撼动。

妈妈族e见领袖

博雅公司在一份调研中发现，由一群妈妈网民组成的e见领袖会影响身边的朋友、家人和同事对不同品牌和产品的偏好程度。她们自己也会形成线上和线下的圈子，分享母婴产品和子女教育的经验。由于现代中国的年轻父母们为下一代在各方面慷慨投资，已经逐渐形成了一个新兴的消费市场。

妈妈族e见领袖可以称得上是口碑营销中最典型的代表，与“联络员”的特点相近。与其他群体相比，她们更愿意通过短信和网络来分享经验和心得，并且绝大多数（94%）的妈妈族e见领袖相信博客的内容是可靠的。随着全职妈妈群体在大城市的扩大化，如能有效地组织她们在互联网内外的各类活动，为她们提供更多交流沟通的机会，将会为母婴产品的厂商和相关网站创造更多商机。

90后e见领袖

这群e见领袖通常年龄在10到19岁之间，他们对父母和伙伴们选购不同品牌的产品和服务有着巨大的影响力。这个族群的许多特点听起来似乎自相矛盾，但的确又同时存在。例如，他们的最大特点在于他们对于周围人群的影响力巨大，但同时他们自己也最容易被影响；他们既参考周边朋友的意见选购服装和电子产品，但同时又希望自己显得与众不同。这些e见领袖活跃在各个网站、论坛，他们勤于回复邮件，并乐于转发各种有趣的病毒营销、口碑营销的内容，短信是他们常用的联系方式。他们更像是“销售员”，喜欢主动说服周围伙伴接受自己的观点和方式。摩托罗拉手机和惠普都不约而同地与兔斯基、张小盒等e见领袖的开展合作，以开拓青年市场。

e见领袖诞生的网络环境

随着网络环境快速变化，从Web1.0时代过渡到Web2.0时代，一场借助网络传播进行的信息传播革命正在掀起，而主角就是无数个隐身蒙面的e见领袖。

在无边无际的网络世界中，这些思想活跃、乐意传递观点的草根网民们都正在责无旁贷地担当起引领信息革命风潮的责任。他们对信息的传播、评论、解构、重读，无不深刻影响着产品、品牌、企业的发展，甚至影响着这个时代的价值取向、社会舆论。

相较于传统明星及意见领袖拥有巨大光环与社会资源的操控权力，e见领袖们拥有更多的是一种基于在小圈子内的直接影响力，但这种影响力在网络传播叠加效应的推动下，往往能演变成巨大的声音。

e见领袖兴起的大背景正是基于这种网络开放性分享环境，基于网络上无数由志同道合的人结合起来的微观市场，基于人是主观的而不是被动的接收者。正是他们不断的阅读、重构、再传播，使得涓涓细流般的网络信息最终汇集成滚滚洪流。

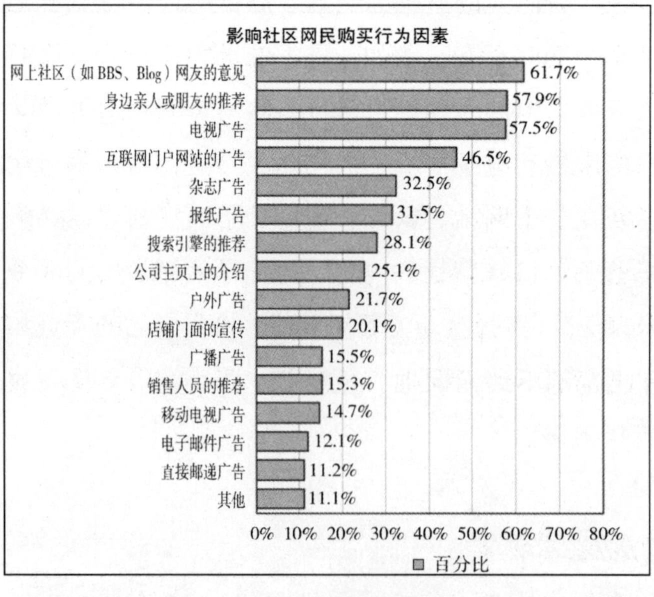

从艾瑞的调查表中可以看出，网友的意见对普通消费者的消费决策起到最重要的影响作用。e见领袖的影响力正在扩张。

在Web2.0时代，那些愿意分享及有社群影响力的人，对网络信息传播起着不可估量的作用。他们作为信息的传播主力，对周围的人产生巨大的感染力，而且，这种力量由于网络环境下的高速信息传递而被进一步加强。因此，将这些“传播主力”准确分辨出来，并在市场活动中将这些网络上的“传播主力”诱导应用，成为Web2.0信息传播与危机管理的必备要素之一。

在Web2.0时代，信息传播的平等权利已被赋予每一个人，只要找到合适的方式，每个人都可以也都可能成为某一方面的e见领袖。从早期的木子美们用文字进行写作，到芙蓉姐姐、天仙MM用图片进行传播，再到YouTube的视频明星们，在网络信息浪潮的强大推动下，一个又一个草根网民变成了e见领袖，他们引导着公众的情绪，影响着社会的思潮。一场深刻的营销传播革命正席卷而来。

e见领袖：舆论危机中的“看不见的手”

2007年6月19日，甘肃金塔县一名电焊工正在作业时，放在上衣口袋的摩托罗拉手机突然爆炸，并导致该工人肋骨断裂刺破心脏而死亡。震惊全国的第一桩手机爆炸致死案就此发生。

尽管事故的发生原因很快被查明为死者使用的手机电池不是原装，且在高温环境下使用，但是这起严重的事故还是将摩托罗拉拖入了危机的深渊之中。在此后的两周时间中，全国几乎所有媒体都在报道、追踪此事的发生、发展情况，

而在各大门户网站、BBS、博客上，更是掀起阵阵讨伐摩托罗拉手机的舆论狂潮，而e见领袖在整个舆论危机掀起、发展、高潮过程中，扮演了非常重要的角色。与传统媒体以及主流网站不同的是，e见领袖在整个舆论危机中作为一只看不见的手，他们的评论、批评、质疑都大大加深了摩托罗拉对整个事件的管理难度。

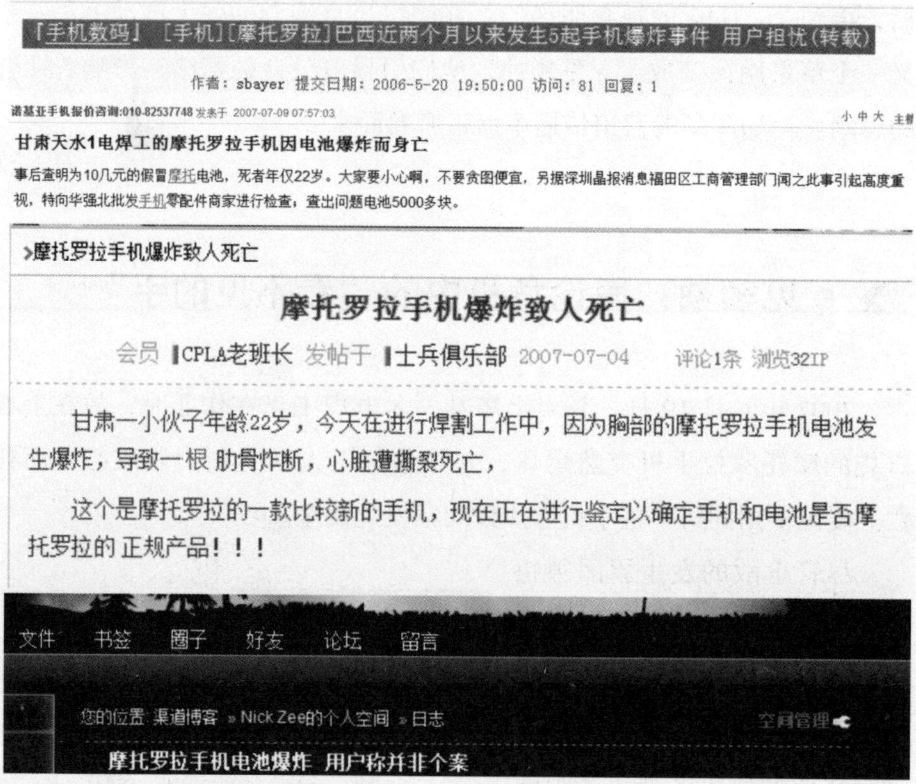
「手机数码」 [手机][摩托罗拉]巴西近两个月以来发生5起手机爆炸事件 用户担忧(转载)

作者：sbayer 提交日期：2006-5-20 19:50:00 访问：81 回复：1

诺基亚手机报价咨询:010-82537748 发表于 2007-07-09 07:57:03 小 中 大 主替

甘肃天水1电焊工的摩托罗拉手机因电池爆炸而身亡

事后查明为10几元的假冒摩托电池，死者年仅22岁。大家要小心啊，不要贪图便宜，另据深圳晶报消息福田区工商管理部门闻之此事引起高度重视，特向华强北批发手机零配件商家进行检查，查出问题电池5000多块。

>摩托罗拉手机爆炸致人死亡

摩托罗拉手机爆炸致人死亡

会员 ▌CPLA老班长 发帖于 ▌士兵俱乐部 2007-07-04 评论1条 浏览32IP

甘肃一小伙子年龄22岁，今天在进行焊割工作中，因为胸部的摩托罗拉手机电池发生爆炸，导致一根 肋骨炸断，心脏遭撕裂死亡，

这个是摩托罗拉的一款比较新的手机，现在正在进行鉴定以确定手机和电池是否摩托罗拉的 正规产品！！！

文件 书签 圈子 好友 论坛 留言

您的位置 渠道博客 » Nick Zee的个人空间 » 日志 空间管理

摩托罗拉手机电池爆炸 用户称并非个案

摩托罗拉手机爆炸后，e见领袖们在论坛、博客中对此事件的再传播

e见领袖与网媒的合力：舆论危机如何步步升高

“我们关注被劣质产品及其配件剥夺的生命，我们也关注逝者亲属的悲伤，我们更关注几十亿手机用户和潜在用户的生命权利……我们试图剖析摩托罗拉，这一昔日的业界翘楚为何近期窘状毕露，事故连连……一个人上了天堂，就再也不会回到地上。而一个摩托罗拉消失了，替代它的还有诺基亚、索爱、三星，甚至还有我们的国产品牌波导、联想、夏新。”

这段煽情、攻击性极强的文字是国内某著名门户网站的专题《摩托罗拉之殇》的刊首语。在摩托罗拉手机爆炸案发生三天之后，该网站制作了一个内容非常详尽的专题，分为“屋漏偏逢连夜雨”、“夕阳西下断肠人在天涯”、“病入膏肓”等几大板块，非常详尽地将摩托罗拉几十年来的危机事件做了全面的回顾，专题中攻击性言辞之激烈令人吃惊。在网媒的有意引导下，网民跟帖评论显出异常的尖刻与情绪化，网络舆论的怒气被有意地引爆。而e见领袖们的持续评论则为更多网媒跟进报道此事提供了更多的素材。

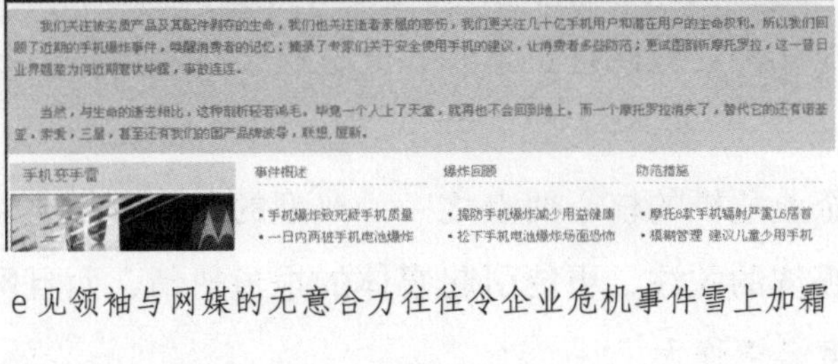

e见领袖与网媒的无意合力往往令企业危机事件雪上加霜

正如中国市场环境不断发生变化一样，中国的媒体环境也正在经历一个巨大的变化，媒体传播方式的改变、媒体之间的竞争、媒体市场化的运营都对媒体的社会舆论监督职能提出新挑战。公正、客观、真实的新闻报道立场往往在利益的怂恿下发生偏移，一些媒体不仅是带有极强偏向性、主观性对企业危机事件进行报道，某些时候甚至主动搜罗假新闻、编造负面消息对企业进行要挟。所以，研究媒体的传播特性、应对来自媒体的攻击，已经成为企业危机管理的重要环节。

摩托罗拉手机爆炸后，各主流媒体都进行了报道，大部分的报道都是客观的，但也有不少媒体（特别是网络媒体以及一些有影响力的 e 见领袖）带着极强攻击性进行报道，而受这些媒体报道的牵引，网上舆论更是掀起阵阵声讨摩托罗拉的声浪，企业声誉受到重创。

舆论危机管理：如何将典型事件转化为非典型事件

危机事件的发生对企业造成的严重性以及冲击程度取决于两方面：一是事故本身的性质；二是媒体对事件的关注程度以及舆论关注的焦点。

手机爆炸事件之所以对摩托罗拉形成严重的危机压力，首先毫无疑问是因为事故致人死亡，属于最高等级的危机事件；其次则是因为诸多媒体以及数以百万计的 e 见领袖对此事件的强烈关注。这是国内首例手机爆炸致死案，所以大家都在围绕着这个核心进行报道、挖掘甚至是猜测：摩托罗拉如何处理此危机事件，此危机事件对摩托罗拉将产生什么样的冲击？

这就是企业危机的核心要点之一。典型的危机事件比非典型的危机事件更吸引媒体的关注，更能引起媒体的报道热情，而且网络舆论对企业的攻击力度会更强大。

在我们讨论典型危机事件的影响力之前，让我们回归到事件本身去分析，手机爆炸事件有多大的舆论关注力？摩托罗拉手机爆炸真是那么骇人听闻的事件吗？

在Google搜索引擎中输入“手机爆炸＋诺基亚”，搜索结果是62万篇报道，输入“手机爆炸＋索爱”，搜索结果是18万篇报道，输入“手机爆炸+三星”，搜索结果是6.8万篇报道。这说明每一个著名品牌都曾发生过手机爆炸事件，而且负面新闻报道少则几万条，多则几十万条。

所以，手机爆炸对于手机行业来说，并非闻所未闻之奇事。而不幸的是，摩托罗拉手机不仅仅是爆炸，更重要的是它是国内第一起致人死亡的手机爆炸案，这就使得事件具有唯一性，也就是说此事件属于典型性的危机事件。

媒体对事件关注的程度取决于五个方面：典型性、时新性、重要性、接近性、趣味性。由于摩托罗拉手机爆炸是第一次国内致人死亡案，具备典型性意义，在媒体以及e见领袖对其疯狂追踪报道、多角度剖析、长时间聚焦下，摩托罗拉的危机管理变得更加困难重重。如何将典型性事件转变为非典型事件，化解媒体报道的过度聚焦则是摩托罗拉危机管理的要点。

危机事件发生之后，摩托罗拉可谓反应迅速，派出公关总监杨伯宁奔赴事故发生地调查。但在接下来的危机处理中，摩托罗拉的做法却明显失误。摩托罗拉先是否认爆炸手机是摩托罗拉品牌，接着又称是非原装电池之祸，责任不在手机。接着，在广州市场的抽检中，摩托罗拉四款手机电池均不合格，摩托罗拉立即发布澄清声明，称所有抽检的电池均是假冒产品，并称摩托罗拉产品生产线质量是可靠的，不存在质量缺陷。

摩托罗拉整个危机处理的逻辑思路大致如下：手机爆炸——否认——称是电池之祸——电池不合格——否认并澄清——宣称产品质量可靠。这种逻辑思路明显使媒体及e见领袖的关注视角始终集中于摩托罗拉身上，使企业对危机事件的处理变成一场有罪和无罪的辩解博弈。事件的典型示范性有增无减，媒体以及e见领袖的关注热情随着摩托罗拉的每一次辩解而高涨，危机负面影响日益增强。

而危机管理成功的要点之一就是要化解媒体以及e见领袖对危机事件典型性的过分关注，并逐渐将其视线引向其他方面，使负面报道慢慢平息，或者是创造新的关注焦点使媒体舆论转向。

在2005年苏丹红危机事件中，当亨氏在危机的泥潭中苦苦挣扎时，肯德基却主动引火上身，向媒体坦承自己的两款产品中含有苏丹红。在真诚向消费者道歉的同时，肯德基更重要的举措是向外界公布导致自己产品含有苏丹红的源头——其配料来自供应商田洋公司，于是所有的舆论关注焦点立即聚焦到这家并不知名的“苏丹红元凶”公司身上，肯德基的负面报道转瞬即过。一场本极具爆炸性的典型危机事件，在肯德基的巧妙处理下，变成了非典型性的危机事件，也使得肯德基避开了媒体长时间的炮轰。而肯德基负责人借助人民网与网民进行第一时间沟通的策略，更是赢得无数e见领袖的认同，许多网民对肯德基的舆论观点开始从批评转向赞同。

同样，在处理手机爆炸案危机事件中，摩托罗拉最需要学习的一点是分清典型事件与非典型事件的分界线，将事件从受媒体长时间聚焦批评的典型事件转化为媒体关注力较弱或较分散的非典型事件。

其危机管理逻辑思路可以按如下模式：诚恳表明态度——确认是假

冒电池之祸——承认电池流通渠道管理失误——强烈指责假冒电池之害——坚定决心严管渠道维护消费者权益。

当企业发生危机事件时，在确认危机发生确实是企业的责任之时，企业首先要坦诚道歉，赢得民众的理解，其次是巧妙地避重就轻，从诸多指责中，主动承认责任较轻的部分，从而有效引开媒体的关注焦点。从这个角度分析，摩托罗拉手机爆炸危机管理的逻辑终点应该是渠道管理失误。而渠道管理失误引发的危机事件是多方面因素所造成的：既有政府市场监管失误、渠道商的贪图利益的原因，也有不法电池制造商以次充好、消费者贪便宜错误选择的原因。从这个角度看，媒体对摩托罗拉手机爆炸事件的关注很快就会超出摩托罗拉本身，而上升至对政府、渠道商、假冒电池制造商、消费者的消费选择等多角度的思考，舆论关注的分散有助于摩托罗拉迅速降低危机报道的负面影响。

企业危机的爆发固然有一定的偶然性，但是危机发生之后必然会集结着利益谋取、媒体监督与攻击、舆论谴责、情绪对抗等冲突，对这些冲突进行有效疏理，找到危机的核心所在，是危机管理成功的关键。

把握舆论的关注焦点，分清危机典型事件与非典型事件的分界线，有效地与e见领袖进行沟通，赢得他们的支持，并巧妙引导媒体注意力，这就是网络时代成功进行危机管理的关键之一。

如何与e见领袖进行沟通

在营销层面之外，e见领袖对于企业的声誉影响力日渐强大。以往企业谈到自身的利益相关者时，总会列举八大关系：客户、媒体、政府、合作伙伴、员工、大学、社区、公司总部。今天，也许他们会加上e见领袖。在未来，任何公司都无法忽视e见领袖对于企业声誉的影响力。

2008年3月初，微软在全球组织了一次IM计划，试图通过在MSN用户名字前面挂上一个“帽子”，以帮助一些美国本地慈善组织募捐。该计划在短短一个月内就获得数千万人的响应，而在这背后微软根本没有进行任何宣传推广。MSN上那些活跃的e见领袖充当了IM计划最好的宣传者。

在国内，上海的Blogbus为通用汽车策划的口碑推广也颇为成功。Blogbus重磅砸下“中国爷们‘对决’外国绅士”的话题，引发博客群落对这个话题的争论，目的就是为了将“绅士”与“爷们”所共有的概念嫁接到别克君越汽车上。博主们对此话题的热烈讨论使得别克君越的知名度迅速上升。在全球博客权威统计引擎Blogpulse上，“绅士”这个中文关键词的频率在五六月份攀升到顶点，最高的时候甚至比以前同期翻了一倍。

“大众点评网”这一民间美食家云集的阵地，则以另一种独特的方式通过网络社区来进行口碑营销：但凡特色餐厅或大酒楼开张，该网站的几位核心元老必被请去试吃，这些口味挑剔的食客在论坛上的评价，往往能直接决定这个餐厅开张头两个月能否生意火暴。

e见领袖：传播的“影响力中心”

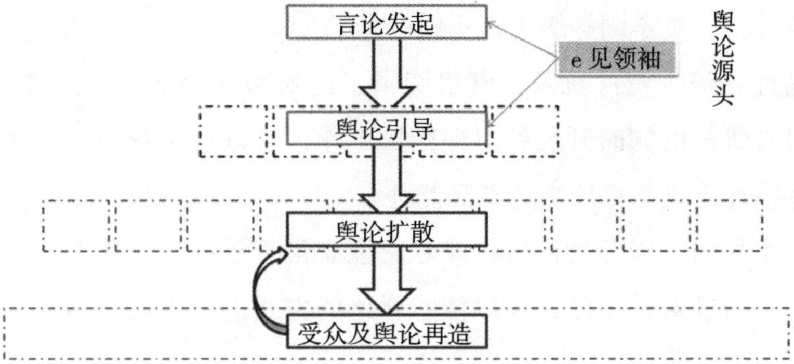

既然e见领袖如此之重要，企业要如何找到他们，并与他们进行有效沟通？在浩瀚无边的互联网上，他们又都隐藏在哪一个角落之中？

iResearch的调查统计表明，目前国内的79万家独立网站8成以上拥有独立的社区，60%的网民通过社区寻找解决问题的方案，33.5%的网民消费行为受到社区论坛的影响。社区这样一个分享、交流、互动的场所天生就跟口碑营销“趣味相投”，所以说网络社区就是培养、发现e见领袖最好的平台与载体。关注网络社区、关注社区的活跃分子，是与e见领袖沟通的有效策略之一。

韩国L手机品牌推出一款新的高端手机，为了快速扩展其知名度，在受众中形成良好的口碑，L手机品牌决定通过与e见领袖沟通的策略，以意见分享这种独特的传播方式代替以往的广告投放。

首先，L手机品牌将e见领袖主要分成三类人群：产品的资深玩家；关注企业的行业专家、媒体记者；关注舆论内容的论坛版主、论坛编辑。

在确定e见领袖的分类之后，L手机品牌制定了如下的沟通策略，基本维护策略：有序推进，日常维护，重点突破。常规沟通策略四步骤：

1. 建立日常沟通机制，进行针对性管理，按照 e 见领袖的重要性分为三大等级，按不同等级进行不同的维护

高优先级：资深玩家、网络编辑、论坛版主为优先关系维护对象，建立日常维护的同时开展针对性维护工作，可以以付费的方式邀请他们为产品撰写评论文章或进行产品测评。

中优先级：专业机构、行业专家也非常重要，建议首先建立日常维护，再进行针对性工作，先以情感联络的方式进行沟通，必要时候赠送礼品问候。

低优先级：女性用户更倾向于创意性、情感性的诉求，对如卡通人物、潮流时尚活动等具有更高偏好度，因此可选取适当时期如圣诞、新年等节日推出合适的女性专属产品及活动。

2. 积极创造话题，吸引 e 见领袖的讨论兴趣

良好的话题能够吸引一大批网民形成对某款产品或品牌的兴趣，继而形成一种良好的舆论环境，如 LG 巧克力手机创造了一个“I Chocolate You”的话题热点一样，所以要吸引 e 见领袖的支持，很重要的因素之一就是形成能够吸引他们的话题。

3. 让他们成为产品体验的第一定义者

Onlylady 网是一个很受欢迎的以美容护肤品为主题的专业论坛，上面聚集了很多美容护肤品的“骨灰级”爱好者和使用者。一些知名的护肤品品牌（如 Lancome、Biotherm、Sofina 等）会和该论坛上的一个名叫“抢先试用组”的板块合作，在新产品上市的时候在该板块推出试用活动。感兴趣的买家可以报名申请试用，每一个领取到试用品的成员都有义务报告试用后的心得和感受与网友们分享。这是一个很有效的产品推广方式，即通过促销活动吸引了一群有 e 见领袖特质的“创新产品使用

者”，又为他们进一步进行人际传播和互动沟通创造了良好的环境，可谓一举两得。

同样，L品牌通过申请试用以及赠送的方式，让一批e见领袖成为产品的最早体验者。

4. 为e见领袖开设专门的意见博客

由于e见领袖分散在论坛的各个地方，管理起来难度很大，所以L手机品牌在圈定一批e见领袖之后，在自己网站上开设专门的栏目，邀请他们过来撰写意见及评论，并根据各人发表意见的数量进行积分，积分到一定数量给予一定的物质奖励，这有效地拢聚了一批有影响力的e见领袖。

在网络环境中，e见领袖的人际传播不仅是一个网状的过程，同时也是一个意见不断叠加的过程。当信息通过网络发布出来之后，不断有消费者对信息进行补充和修正，再加上自己的使用体会，信息经过处理之后，又进一步地再次传播下去。这一个叠加过程，使得现代营销信息在传播过程中更难辨识谁才是真正的e见领袖。

e见领袖：最影响力的网络舆论“说客”

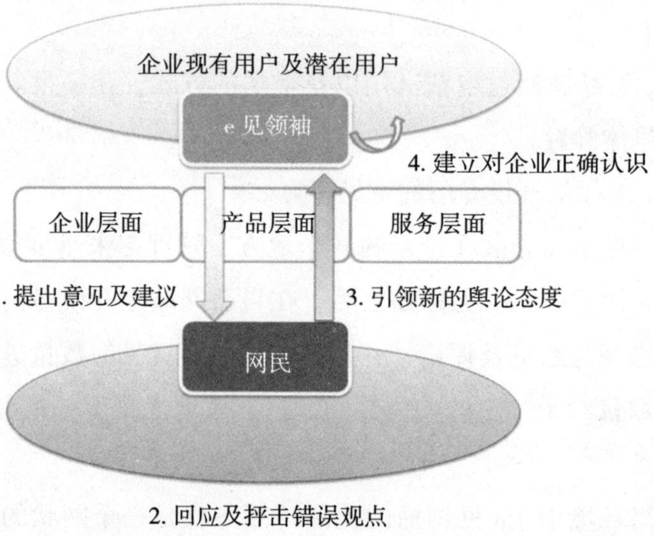

e见领袖沟通的“四四法则”策略

该做的——

密切关注，认真倾听：系统地追踪网络论坛和blog，认真地研究一下他们最近都在说些什么，眼下相关行业的热点话题都有哪些，关于自己的公司和产品网民们都有怎样的看法。许多时候，网民的批评是善意的，是企业了解自身不足的第一渠道，舆论的怒火只有在企业对自身的缺陷故意视而不见，屡受批评却毫不悔改的情况下才会爆发。

用互联网的沟通方式进行沟通：除了知道网民们在说些什么，企业还应该抱着尊重的心态去理解他们的言谈举止和思维方式。互联网上的语言和行事风格都比较独特，如果使用过去对待传统媒体的方式来进行沟通，很可能会遇上麻烦。

与e见领袖建立良好关系：找出互联网上最有影响力的人群，不管是版主、热心网友还是知名博主，与他们建立起透明的联系。向他们提供行业相关的最新资讯，并与他们进行与品牌相关的互动。

使企业内部人员也能成为e见领袖：鼓励公司里的相关人员多写blog，或者建立一个与行业话题相关的论坛，如医疗保健或是汽车维护之类，让公司在互联网这样一个社会化媒体中也拥有话语权。记住，要保证他们的公司身份在网络上公开透明。

不该做的——

千人一面地对待e见领袖：在与网络上的e见领袖取得联系时，不要发送群体邮件或者以“亲爱的网友”相称，这样只能让对方产生距离感。好的方式是：写上对方的名字并提及他或她曾经说过的话，这种特别的问候会让沟通立刻变得顺畅许多。

将商业收买搬到网上：不要尝试花钱收买论坛和blog作者，或者进行一些上不得台面的交易。一来没有必要，二来网民很可能将类似行径直接捅出来。商业公司应该提供他们真正想要的东西，如独一无二的新消息，让他们领先一步。

毫无策略地投放软文：愚蠢的企业往往虚拟出一些e见领袖往论坛中猛发公司的软文，可惜的是这种方式往往不奏效，网民们能够鉴别出哪些消息是公司的软性广告。如果一个论坛里软文遍地或者消息普遍带有商业倾向，那么网民会掉头就走。把商业信息和真正的内容混杂在一起，则与社会化媒体的实质背道而驰。

伪装身份去还击舆论批评：受到e见领袖批评或攻击的企业，有时候会头脑发昏地假装网民去回击或批评e见领袖。这种做法危险之处就在于，当某些漏洞被发现，如IP地址被发现是出自某公司时，企业将受到新一轮的舆论炮轰，网络舆论很容易就变成一边倒，企业这时会发现自己引火烧身。

案例解读：如何借助e见领袖平息舆论危机

2006年5月，娃哈哈推出儿童饮料“爽歪歪”，其电视广告很快在网上招来强烈批评与争论，“爽歪歪”一语被网友指出是福建方言中淫秽用词。几乎所有重要的平面媒体都跟进报道此事，引发各方高度关注，娃哈哈面临巨大的舆论压力，危机一触即发。

面对舆论狂潮，娃哈哈迅速行动，一方面由该广告的策划人俞建成出面诠释事件的过程，化解网民的质疑。俞建成开通博客，写了长达1 500字的日志，首次公开对该事件作出回应，阐述广告创意的思路。接着，娃哈哈又召开新闻发布会，向全国主流媒体再次解释事件，并对外宣称有竞争对手恶意操纵此事，希望媒体不要跟风报道。娃哈哈的自我解释以及新闻发布会，并没能如愿化解舆论的质疑，关于此事的争议仍然此起彼伏。在这些情况下，娃哈哈决定通过e见领袖的舆论引导来平息事件。

在与多名专业人士、知名博主进行沟通之后，这些e见领袖开始从各自的立场积极看待“爽歪歪”事件，并从不同角度发表意见，使事件的争论多元化。一系列文章如“别把‘爽歪歪’关进现代文字狱”、“别把‘爽歪歪’给想歪了”、“‘爽歪歪’让谁感到不爽”、“‘爽歪歪’，让你

‘淫’了吗”等第三方评论文章的出炉，对化解舆论对娃哈哈广告风波负面情绪起到了积极的作用，e见领袖在危机舆论化解中显现出重要作用。

发表于 2006-10-20 00：09 只看该作者

“爽歪歪”，让你“淫”了吗？

有人说名字仅仅是一个符号，我看了后，就表达了自己的一种观点，名字绝不仅仅是个符号，我在那篇文章中就说，你干吗不叫自己是毛驴呢？毛驴当然没人叫，可不等于就没有人叫毛驴。比如“爽歪歪”一词，我想“娃哈哈”公司绝没有想到这三个字还会连带起“台湾同胞”这样的字眼。虽然它在这之前也曾作过调查，可这并不能为以后惹来的麻烦作进一步的说明。

汉语的博大精深之处和魅力就在这里。比如我们常见的一些语汇，说某人和某人的关系不错，就用“亲密”来形容，如果把这个词语放在一种特殊的语境里，这“亲密”二字可就让人觉得有点“那个”了。

“娃哈哈”新产品“乳娃娃”的广告语“爽歪歪”，就遭遇到如此尴尬，这种尴尬绝不仅仅是人为的制造，它涉及了方言俗语。我们山西作家张石山先生曾对方言语词作过十分精到地研究，他就为一些方言语汇而惊叹，比如“倜傥”一词，意思大家都明白，是很书卷气的，可是在山西中部的一些县，这一词语就相当口语化，民间化。老百姓张嘴就是一句“倜傥”。

借助e见领袖对事件的正面引导之后，娃哈哈又进行搜索引擎优化与控制，通过与百度广告合作（这正是百度公正性缺失、备受业界诟病之处）的方式，将所有对“娃哈哈爽歪歪”的负面文章在搜索结果中置后（搜索结果不能消除，但可以置后或下沉），用户在百度搜索“娃哈哈爽歪歪”时，首页已不会出现任何与批评其广告相关的负面文章。

在网络负面质疑及报道开始消退之后，娃哈哈加大正面信息的持续公布，使负面信息总量被不断稀释，如推出“娃哈哈‘爽歪歪’成益生菌酸奶领头羊”等文章，引导目标受众对爽歪歪产品本身的关注，而不是对舆论批评的关注，爽歪歪危机风波开始逐步平息。

播客 | 相册 | 杂志 | 圈子 | 论坛 | 找主张

搜博主文章 搜全站

正文 字体大小：大 中 小

别把“爽歪歪”关进现代文字狱 (2006-05-21 22：29：53)

分类：文化扯淡

崔健有一句经典歌词：不是我不明白，这世界变化快。的确，这个时代，除了科技与经济的日新月异，连吃饭上厕所说话谈恋爱都玩出了不少新花样。拿说话来讲吧，今天的人们为了掩饰某种不文明的称谓，便拿过去文明的词儿来表达，如，将上厕所称为方便，将卖淫女称为小姐等。看上去，这或许是因为现代人变得越来越有修养了，智商也大大地提高了，语言充满了想象力。

进入椿桦的博客

但是，想象力过于丰富也会带来副作用，想象力本来就是现代文明的助推器，由于少数人用力过猛，反而使文明显示出倒退的迹象。“娃哈哈广告语引争议，‘爽歪歪’被指属淫秽用语”（《北京晨报》5月20日）的语言风波似乎就是思维用力过猛所导致的。想想看，为什么中国语言最容易引出口舌之争，盖因汉语之博大精深矣！过去，有人因善玩文字而平步青云，有人因弄巧成拙而脑袋搬家。于是，文字狱便成了具有中国古代特色的文化旧景观。

关于古代文字狱，清朝有个很经典的事例：翰林徐骏，一日临窗阅读，有风拂来，书页翻动，引发徐翰林灵感，即兴吟道：“清风不识字，何必乱翻书？”怎知隔墙有耳，被告至清廷，清廷认为徐在嘲讽执政者野蛮没文化，将其斩首。可见，作为古代文化管理的一项措施，文字狱不可能带来社会文明的进步，而是相反。今天，“爽歪歪”的语义被曲解，使我想起了徐骏事件中的隔墙之耳。因为耳朵听觉的不同，所理解的含义自然也不同，“爽歪歪”之所以被理解为淫秽用语，大概也因为理解者的听觉充满了某种暧昧。

“爽歪歪”让谁感到不爽？

池墨　发布时间：2006-05-28 23:55　来源：光明网

据《北京晨报》报道，日前，娃哈哈新款儿童饮料“爽歪歪”的广告遍布各大媒体，却被许多网友指为用语淫秽。那么，“爽歪歪”这个词从何而来，原意是什么？北京大学中文系的王福堂教授告诉记者，“爽”字本身在闽南语中出现的语境就是男女性生活后，表达感觉的一个词。而在普通话中“爽”字只是表达比较高兴、痛快的感受，并无特别的语境要求。但“爽歪歪”这个词是闽台地区老早的土语，意思是男女之事圆满完成后的舒服感觉。娃哈哈的广告让几个天真的娃娃在荧屏上大喊“爽歪歪”，实在不妥。（《现代快报》5月21日）

娃哈哈公司的这个广告创意这次算是撞到“枪口”上去了，“爽歪歪”没有“娃哈哈”那么幸运，成为大家认同的广告流行语，相反，却被指责成是淫秽用语，会“误导”孩子，影响孩子的健康成长，“爽歪歪”难以爽歪歪了。可是，在我看来，“爽歪歪”这个广告词并无不妥，我翻看了辞海，按照字典解释，并无一句包含淫秽用语的意思，如果要硬要说它是淫秽语

第六章

网络谣言传播及应对策略

谣言无处不在，谣言之箭往往离我们只有一步之遥，而网络环境则是谣言生成及其危机影响扩散的最佳温床。当大声疾呼被视为托词辩解，沉默不语却被误认为俯首认罪时，我们应如何应对谣言的伤害?

小心！谣言来了

伍培辉是一家生产高档酒的国际企业的副总裁，主管业务为大中华区的销售。在离销售旺季还有一个月左右时，伍培辉与其管理团队日夜加班加点，积极部署各项工作，渠道管理、营销策略及大型的路演都已在逐步推进，一切蓄势待发。

就在此时，有天深夜，伍培辉忽然接到公司公共关系部一位同事的电话，称网络上有网友说在公司出售的酒里面发现了蟑螂，这名网友还言之凿凿地说他的某个朋友也在该公司出售的酒中发现头发、昆虫等异物，并扬言要向媒体投诉。该网友的帖子已经引来近千人浏览，也有不少人发表了言辞激烈的留言。

作为一名曾经的生产线主管，伍培辉知道这些指责完全是无稽之谈，因为公司封闭式、完全自动的生产线，绝对可以保证产品在出厂前的质量安全，这些异物只可能是在后期出售过程被添加进去的。而从这名网友所描述的情况及其留言来看，其目的性很明显——通过造谣来逼使公司就范，从而得到一定的物质赔偿。

谣言的杀伤力

不出伍培辉所料，尽管这篇谣言帖子漏洞百出，但仍然吸引了大批网民的关注与支持，对公司的负面影响不断扩散。在不到24小时的时间里，更多的谣言跟随着这篇原始谣言出现，而谣言的内容也越来越吓人——酒中异物从最初的头发、昆虫，变成了注射针筒甚至是小孩子的手指！

这把谣言之火从一个论坛扩散到另一个论坛，从数百人留言发展到数千人留言，更糟糕的是平面媒体也关注此事，开始对其进行报道。媒体报道的原始素材不断变化，角度及口吻对公司越来越不利，网络谣言经过多重渠道的传播与再造，已经变成了一种若隐若现的事实。最后，伍培辉最担心的情况终于出现：消费者开始向零售商投诉，零售商则向经销商退货，经销商开始结成联盟，向公司抗议管理不善，要求赔偿。

谣言是一群人议论过程中产生的即兴新闻，是一群人集体智慧的汇总和扩散，以求对事件得出一个满意的答案。

谣言杀伤力全面显现，危机开始降临。

谣言形成的传播特点

谁在制造和传播谣言？美国社会学家希布塔尼认为，谣言是一群人议论过程中产生的即兴新闻。他提出，谣言是一群人集体智慧的汇总和扩散，以求对事件得出一个满意的答案。

谣言的一个明显特性就是未知性。事件本身的未知性越大，越容易引起人们的关注，谣言产生与传播的可能性也就越高。未知性有两层含义：权威部门未公开事件的确实真相；权威部门虽公开真相，但未取得信任。

谣言从本质上讲也是一种舆论，只是它歪曲了事实真相，会给社会带来极大的负面效应。谣言具有以下三方面的特点：

类似性：谣言的产生必然是在某一生活事实的基础上进行编造的，所以，造谣者编造的谣言如果越是展示细节、越能将某种氛围描述出来，就越能够激发更大的共鸣效果，许多民众会将生活中遭遇到的类似情形进行对比与扣合，谣言的杀伤力将不断扩大。

重复性：在类似性的氛围鼓动下，更多的民众或网民出于对谣言描述内容的警惕性，自发对谣言的内容进行再传播，以达到警示或者鼓噪的目的。这种多次的重复性，使得谣言不断扩散。

广泛性：由于网络的开放性与信息过滤机制的缺失，任何信息的再传播都将非常迅速，特别是吸引性很强的话题（包括谣言）。在众多外部力量的无意推动下，谣言的影响力将很快向纵深发展，在很短时间内便会使之从网上的谈资演化成为现实的危机。

所以，当发生了针对企业的谣言时，除了要考虑如何迅速采取措施化解危机外，也应警惕在非常态下出现的流言与谣言。在信息渠道多元化的今天，流言和谣言光靠“堵”是堵不住的，更重要的是靠积极主动的疏导。应该借助新闻媒体之力，努力营造化解危机的“意见环境”，对社会的认知、态度和行动进行全面的引导，使舆论朝着有利于将危机化为转机的方向发展。

谣言传播的四类主体

竞争对手：在市场竞争日益激烈的情况下，处于竞争关系的一方为挤垮对方、夺取更大的市场份额，会散播一些没有科学依据、不符合实际的信息攻击对方。这种行为虽然在法律上属于不正当竞争行为，但仍被一些企业视为取胜捷径。如1995年巨人集团为尽快使自己的产品“巨人吃饭香”取代娃哈哈，就在自制的“巨人集团健康产品销售书”中声称：“据说娃哈哈含有激素，易造成小孩早熟，产生许多现代儿童疾病。”该书随巨人开发市场的触角流入全国各地，造成娃哈哈当年同期销售量减少2/3。

消费者：消费者有时也充当了谣言制造者、传播者的角色，其动机常常是由于产品使用不当或过期使用、假冒伪劣产品而引发不满，从而集中攻击生产厂家或经销商，特别是在要求赔偿而遭到拒绝时更倾向于散布谣言以发泄不满情绪。再者，在企业处理其他方面的危机不当或不及时的情况下消费者也容易由于购买或使用该企业的产品而诱发恐惧不安的情绪，相互议论而造成一定的舆论声势。

大众媒体：新闻媒体成为谣言的传播主体往往是因为只顾追求新闻时效却疏于调查。这种违反新闻真实性原则的行为使得媒体在无形之中扮演了造谣者的角色。2006 年 1 月 20 日，上海《国际金融报》刊登的一篇题为“芝华士 12 年：‘勾兑’了多少谎言”的报道就是一个例子。该报记者直接采用网上未经证实的谣言帖子，并擅自加工成文，成为轰向芝华士的一枚重磅炸弹。谣言在进入大众媒体报道框架之后，更是披上了一层客观、真实的外衣，使得谣言传播的杀伤力迅速倍增。

其他公众：其他公众（个体或群体、组织）也会有意或无意地充当造谣、传谣者的角色。其中，有意者的目的在于利用谣言混淆人们的视听，以此方式发泄自己的某种好斗性、压抑性。如 1999 年 4 月，河南省

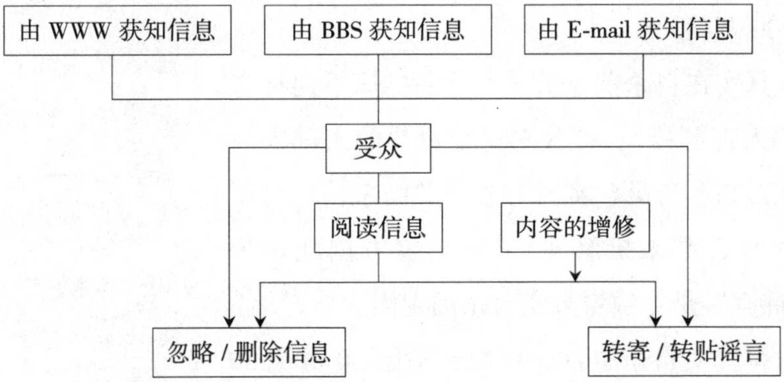

网络谣言的传播路径

郑州市两名蓄意干扰该市金融秩序的人制造了“行长携巨款潜逃”的谣言，造成该市交通银行发生挤兑风波。

网言可畏：网络谣言的杀伤力

2008 年 10 月 2 日凌晨，韩国一代玉女崔真实被发现在位于首尔東草的家中自杀身亡，而自杀的最主要原因就是关于其“25 亿韩元私人债务”的网络恶性谣言。

在此之前，韩国影星安在焕于 2008 年 9 月初在一辆租来的车中自杀身亡，警方在车中发现了燃烧过的煤炭和酒瓶。有传闻说，崔真实曾借给安在焕一笔高利贷，此后安在焕由于生意失败而身陷债务泥潭不能脱身，经济困境是他自杀的主要原因。

安在焕自杀之后，关于崔真实放高利贷的谣言开始四散而起，崔真实为辟谣曾请警方调查谣言来源。警方事后还逮捕了一名证券公司的嫌疑人，据说是她在散播谣言，说崔真实曾借给安在焕 200 万美元。

崔真实在自杀前夕曾坐在卧室的床沿向母亲哭诉“人言可畏”：“我对这个世界的人都很失望。什么高利贷啊，都是与我无关的事情，可不知道为什么都来折磨我？”韩国警方据此认为“网络谣言”是导致崔真实自杀的主因。

由崔真实自杀事件，再想到中国 20 世纪 30 年代的一代影后、25 岁便自杀结束自己生命的

> 在网络时代，恶性谣言的传播更加广泛，让众多无法直接接触事实或真相的受众成为谣言攻击的帮凶，使受谣言伤害的人或企业雪上加霜。

阮玲玉。阮临死前留下遗书一封，也指人言可畏是自己自杀的主因："我何罪之有？然则人言可畏。"

那个年代没有网络，没有凶猛的网络谣言，但"可畏的人言"伤害性之大使得阮玲玉也抵挡不住种种谣言而自杀了。

在网络时代，恶性谣言的传播更加广泛，让众多无法直接接触事实真相的受众成为谣言攻击的帮凶，使受谣言伤害的人或企业雪上加霜。

网络谣言是通过互联网传播的没有事实根据的消息。它除了具有前述一般谣言传播的特点外，还具有传播速度极快、传播范围极广、传播方式和途径多等特点。

而网络文档复制的低成本或无成本和高度的便利性，使网络谣言的特点更为突出。与口口相传、书信传递甚至电话转传相比，网络传播的效率惊人，一则谣言可以在几小时甚至几分钟之内传遍全世界。网络谣言以网络为媒介，它是实时的，是数字化的、超时空的、全球性的、呈几何级数扩散的传播，其传播速度要比人际传播快千倍万倍，范围要广千倍万倍，因而使得网络谣言具有极大的危害性。

当网络谣言向下延伸变成人际传播的内容时，很容易就演变成现实的攻击，网络暴力的现实性一触即发。

在网络谣言形成、传播、演变成现实杀伤力的过程中，三大因素起到了关键的助推作用：匿名性、群体思考、重复的力量。

由于网络的匿名性，网络信息的发布者与再传播者无须考虑其所传播的信息本源是否属实，更无须担心由此必须承担相应的法律责任。所以在谣言传播的过程中，成千上万的网民由于窥私、好奇、泄愤、警示等各种心理，有意地将谣言向周边群体扩散，致使谣言影响范围进一步加大。

在网络谣言的传播过程中，群体思考的盲目性以及由此带来的后果显得异常突出。群体思考是指一群人在思考过程中，常常产生群体自我膨胀的现象，以为群体的决策是正确的并对“敌对群体”——即谣言指向对象，产生全体一致的观点或意见。这种情况往往使谣言的形成迅速转变成为现实的可怕杀伤力。2007 年 3 月 13 日，广东某网络媒体刊载的一则消息称，广州 8 667 公顷的香蕉林中，特别是万顷沙地区，已经有超过 3 333 公顷感染了号称“香蕉癌症”的“巴拿马”病，占总数的 34.5%，且每年以 20%的速度扩大感染面积。这种病目前在世界上还没有有效的治疗方法，被感染的香蕉只能死去，导致有人担心食用染病香蕉对人体有害。另外，该网络媒体刊载了香蕉、苹果等 12 种水果由于在后期处理使用了有害物质，导致水果带有残留有害物质，成了“毒水果”的新闻。

这则香蕉有毒的谣言出来之后，导致国内各大城市的经销商“谈蕉色变”，全国蕉农遭受严重损失。

这则谣言之所以从小变大，从小范围影响扩散至全国性影响，最主要是因为在谣言传播过程中，人际的口口相传、网络之间的传播、平面媒体之间的报道，使得千千万万的读者以及再传播者无意中都充当了谣言信息的“见证者”。当一则莫须有的信息被越多人知晓、越多人议论时，这则信息的可信度就会变得越高，这就是谣言传播过程中群体思考的盲目性。

谣言在传播过程中，不断被群体所重复，最终出现的情况就是“三人成虎”。本来相信者甚寡的谣言，经过不断重复之后，使某一信息接收者从不同渠道都接收到此相同的信息，屡次重复，往往就会使其信以为真。同时，重复传播也使谣言的生命影响力不断延伸，使其存活的时间不断延长，最终所造成的负面影响也不断扩大。

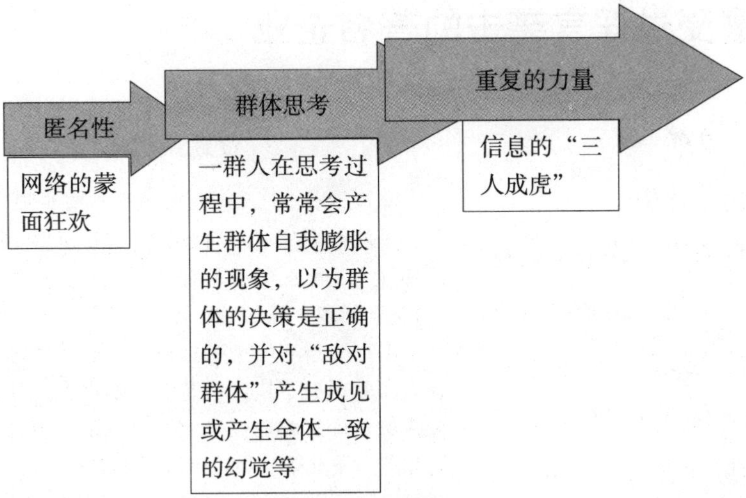

网络环境中的谣言传播

链接：网络谣言催生出“崔真实法”

韩国女星崔真实的死讯震惊了娱乐圈，韩国政府担心艺人相继寻短见，引发自杀潮，所以针对崔真实被网络谣言困扰而寻短见一案，目前正积极着手修订关于严惩网络弊端、被喻为“崔真实法”的法律。

据韩国放送通信委员会表示，为预防因匿名方式产生的网络副作用，计划从 2008 年 11 月起执行《信息通信网法施行令修正案》，增加网站适用“限制性本人确认制”的规定。这个制度是指在门户网站等网络场所进行网上留言时，通过身份证确认本人的程序。目前，“限制性本人确认制”只适用于韩国日用户数量超过 20 万的网络媒体和超过 30 万的门户网站、视频网站，但今后将可能把范围扩大至日用户数量超过 10 万的所有网站。

遭受过谣言袭击的著名企业

事件一：

主角：芝华士

谣言内容：芝华士勾兑

发生时间：2006年1月

事件经过：

致歉声明

本报于2006年1月20日在本报头版及21版刊登了两篇题为"25元的时尚如何演绎品位生活 芝华士12年：勾兑黑幕"及"芝华士12年：'勾兑'了多少谎言"的文章。

本报郑重声明上述报道材料未经查证，其内容失实并误导了广大消费者。本报在此就原报道造成的负面影响向保乐力加（中国）贸易有限公司和芝华士兄弟公司致以诚挚的道歉。

《国际金融报》

2007年2月28日

2006年1月20日，上海《国际金融报》刊登了一篇题为"芝华士12年：'勾兑'了多少谎言"的报道，记者在网上直接采用未经证实的谣言帖子，并擅自加工成文，成为轰向芝华士的一枚重磅炸弹。文章直指芝华士存在着价格欺诈，从而引发了2006年第一场企业危机事件——"芝华士风波"。

2007年2月，上海《国际金融报》正式刊登道歉启事，承认报道严重失实。

事件二：

主角：合生元

谣言内容：法国合生元非法国造

发生时间：2007年4月

事件经过：

一名网友在 315 投诉网上转发他人原创的一篇文章“法国合生元及其研究数据可靠性”。文章作者称，他发现生产合生元的法国公司叫 Biostime，其公司地址是在法国中南部 Cantal 省一个叫 Saint Simon 的地方，“这居然是一个海拔 670 米，人口只有 1 020 人的山区小镇”（原文语）。

文章的作者颇为“好事”，居然还打电话给这个小镇的镇政府，结果镇政府否认有 Biostime 公司，但是有另外一家叫“Lallemand”的制药公司。作者经过几番周折，与 Lallemand 公司的负责人进行了对话（长途电话方式，作者自称法语不错）。对话后作者得知，原来 Lallemand 公司正是负责为中国的合生元公司生产菌种的法国公司，但是并没有负责产品的研发，而且这名负责人还承认法国没有任何地方销售此类产品。

因此，文章的作者得出了如下的结论：“第一，此药品不是法国这家公司研制的，至于配方来自何处就不得而知；第二，这家法国公司只是一个简单生产厂，并不是什么法国合生元公司，他与中国合生元的关系估计是照单加工产品，不是什么总公司与子公司的关系，不知道法国合生元广州公司这个名称是如何得来的……”

文章发表后引来众多网友跟帖，文章信息迅速扩散，立即在网上引起了轩然大波，合生元危机爆发。2007 年 5 月 14 日，合生元在广州召开新闻发布会，法国拉曼（Lallemand）集团及法国合生元公司亚太区总监 Ulrich Irgens、法国驻广州总领事馆经济处消费品和医疗健康部部长

Laetitia Garnier 出席了发布会，驳称“法国合生元非法国造”是谣言。

事件三：

主角：肯德基

谣言内容：千万别吃肯德基

发生时间：2007 年 4 月

事件经过：

有网民在网上发帖称自己是个在外漂泊的大学生，他的一个朋友的父亲参观了美国肯德基的养鸡厂后发现了肯德基养鸡厂的内幕。帖子称肯德基养鸡厂里每只鸡身上全被插着管子，一只鸡从被孵出来到成品鸡的时间是两个星期，全部是用激素催长的，而且每只鸡身上根本没有毛，都是畸形的鸡。

尽管该帖子的描述手法很拙劣，漏洞百出，但由于内容够吓人，所以在网上被疯狂地转载，给肯德基的声誉造成不小的影响。

事件四：

主角：蒙牛

谣言内容：蒙牛牛奶有毒

发生时间：2004 年 2 月

事件经过：

2004 年 2 月下旬至 3 月，钱某先后多次在湖南长沙和湖北武汉两地购买蒙牛牛奶数十盒，向牛奶内注入甲醛、酒精及广告颜料等物质后，与刘某等人一起将牛奶偷放到两地的十余家蒙牛牛奶销售点。同时，钱某多次给蒙牛乳业有限公司发送有关向牛奶内投毒等恐吓内容的电子邮件和普通信件，向该公司索要 20 万元人民币。

事件曝光之后，关于蒙牛牛奶有毒的传闻与各种谣言四散飞起，很快从长沙、武汉扩散到全国各大城市，各种谣言的描述也越来越骇人听闻，给消费者造成了巨大的心理恐慌，使蒙牛遭遇重大危机。

事件五：

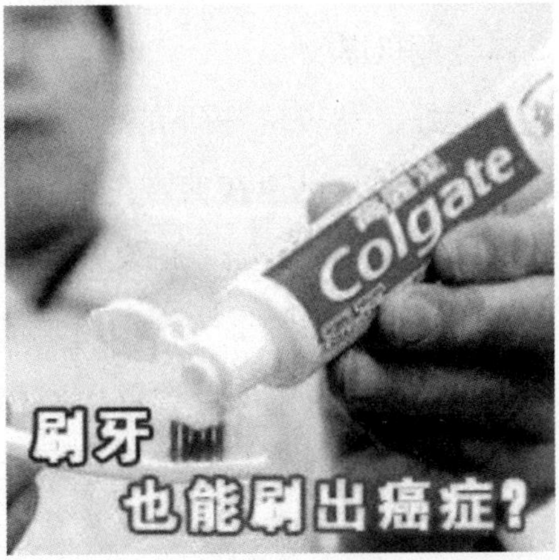

主角：高露洁

谣言内容：高露洁牙膏致癌

发生时间：2005 年 4 月

事情经过：

2005 年 4 月 15 日，英国《旗帜晚报》刊登了该报记者 Mark Prigg 采写的新闻“牙膏的癌症警告”，导语是“十几种超市出售的牙膏今天成为癌症警告的焦点，受到有关影响的还有一些抗菌清洁产品，包括洗碗液、洗手液等”。该报道提到，取得这一发现的是美国弗吉尼亚理工学院的教授 Peter Vikesland。

Peter Vikesland 的研究文章这样写道：“很多抗菌香皂中包含的抗菌化学成分三氯生，会和自来水中的氯发生反应，产生挥发性物质三氯甲烷，而三氯甲烷被美国环保署列为可能的人类致癌物。”

Peter Vikesland 在实验中模仿了家庭中洗盘子的环境，发现当包含三氯生的杀菌洗碗液混合在含有氯的自来水中时产生的三氯甲烷，可能会通过人的呼吸或皮肤被人体吸收。但是这个量到底有多大，是不是超出了允许的范围，文中并没有定论。

整篇研究文章并没有提到高露洁，但是国内媒体的一些编辑却自作主张，从这篇研究文章出发，产生高露洁可能含三氯生，所以可能致癌的联想。

这种假设的联想很快使事件变成一个可怕的谣言：国内媒体开始疯狂地用“小心！高露洁牙膏致癌”等标题对事件进行捕风捉影式的报道，各地消费者也开始将各种投诉电话打向消费者保护协会以及生产企业，高露洁危机爆发。

幸好，发表这一研究报告的科学家 Peter Vikesland 意识到他的研究观点被歪曲，迅速在弗吉尼亚《The Roanoke Time》报纸的网站上补充说明道，许多媒体断章取义曲解他关于潜在健康风险的发现，实际上他没有说，也没想给谁一个结论说抗菌化学物质是潜在的危险和值得引起健康关注。他说，周五伦敦《旗帜晚报》说的英国玛莎超市把有些牙膏下架的举动，显然是对他最近研究的过度反应。他认为，人们跳过了他的结论，其实没有担心的必要。

对于 Peter Vikesland 的观点，媒体又进行了新一轮的报道，国内的媒体开始反思前期对高露洁进行不实报道的错误，谣言最终慢慢消散。

事件六：

主角：宝洁

谣言：月亮教派接管了 P&G

发生时间：1979 年

事件经过：

知道 P&G 的人大多数都认识它的旧标识——由 13 颗星星加上长胡

须的人脸月亮构成的圆形标识。可能是该标识中有一个月亮男子的缘故，有人谣传它是月亮教派的标志。月亮教派是美国的一个邪教，历来为社会公众所不齿。

《华尔街周刊》曾报道过一则在明尼苏达州流传甚广的谣言："月亮接管了P&G。"这个"月亮"就是指月亮联合教堂，它是月亮教派的总部。1979年，P&G公司亦披露了几宗关于怀疑P&G被接管的查询。1980年初，明尼苏达州的一家小型私人医院的新闻通讯上刊登了这样的话："'月亮教堂'拥有了P&G。"该州的一家杂志社对此深信不疑并准备就此发表一篇编辑评论，呼吁人们抵制P&G的产品。幸好在其付诸印刷之前有人将此事通知了P&G，P&G及时进行干涉，将这一文章修改为建议读者在发起抵制行动前先检查清楚产品的来源。

鉴于这次谣言流传的范围并不是很广，性质也不甚严重，并很快趋于平静，P&G认为无必要采取公开的行动。

不过两年之后，即1982年，谣言又死灰复燃，且具有较大的破坏力。这次谣言由新教的原教主义者传播，谣言指责P&G的总裁约翰·斯森在一个国内电视节目中认定P&G的成功与恶魔有关，并公开宣称他是恶魔教堂的成员，而且P&G一直向此教堂进贡。恶魔教派是美国的一个邪教教派，该邪教崇拜的是撒旦魔王。当时民间流传的传单上这样说："所有的P&G产品上的符号（一张巫师的脸和13颗星星）是恶魔崇拜的象征。P&G一位最高领导自称为恶魔主义者，并最近在一个国内电视节目中承认其公司的成功与恶魔有牵连。他说他们能借此将恶魔带入美国的每一户家庭中。"

这次谣言的传播相当猛烈，一时间搞得人心惶惶。那一年正值该标识使用满100年，P&G已计划进行100周年纪念活动。但公司面对的现实却是，每天要应付300个查询电话，到6月份全月已经多达15 000个查询电话，且几乎所有查询电话都是与标识及P&G自称与恶魔教堂有染这一传闻有关。

P&G意识到这次事态严重，于是立即采取了一系列果断的行动。

P&G起诉了6名谣言散播者，其中包括1名著名的亚特兰大天气预报员和4名安利产品分销商。另外，公司谋求到几位著名牧师的帮助，甚至长期反对P&G赞助的电视节目的唐纳德·威廉也被请来帮P&G辟谣。同时，P&G实施媒体轰炸来解释标识的渊源，并向成千上万的消费者寄出引证了最高宗教领袖支持P&G的信函。

P&G所采取的积极行动击退了本来就无中生有的荒谬谣言。该年7月份，与谣言有关的来电数量减少了。到1982年底，P&G已无须再为这类电话作专门记录。

事件七：

主角：可口可乐

谣言：可口可乐与曼妥思薄荷糖同服会引发生命危险

发生时间：2006年

事件经过：

可口可乐与曼妥思薄荷糖同服会引发生命危险？2006年11月，一则“曼妥思薄荷糖与可口可乐（健怡）一起食用=死亡”的帖子流传于国内外各大网站上，除了详尽的文字叙述外，帖子的作者甚至还上传了相关“试验”的视频与发生

在巴西的两个死亡案例。

该帖子开头写道："上周在巴西，一个小男孩因为将曼妥思薄荷糖与可口可乐（健怡）一起食用而导致死亡。一年前，同样的事故曾发生在巴西的另一个男孩身上。"

除了文字解释外，发帖人还上传了"根据事故而进行的试验照片"，照片显示：将多粒曼妥思薄荷糖放入一瓶 2L 的可口可乐（健怡）瓶中，一股泡沫立即从瓶口喷出，竖直高度近 1 米。

最后，这名网友在帖子中写道："提醒周围的人，尤其是身边的小朋友们……"

不到 3 天的时间，有近 2 000 名网友在后跟帖留言。而在 Google 与百度搜索引擎键入"曼妥思可乐事件"后，分别可以查到 30 700 与 3 560 篇相关信息。

一时间，"曼妥思薄荷糖与可口可乐（健怡）一起食用 =死亡"的消息不仅盛行于网络，也迅速转移到了网下的现实生活中，引起了部分市民的恐慌。对此现象，专家的解释是：碳酸饮料和啤酒当中都溶解了大量的二氧化碳气体，在静止状态下，这些气体保持着平衡状态。当有外界物质或外力作用使得原有的平衡被打破，饮料中的二氧化碳气体就会冒出来，剧烈摇晃过的可乐和啤酒能冒出大量气泡就是这个原因。一般情况下，可乐和啤酒中的二氧化碳气体释放比较缓慢，某些薄荷糖的某种成分能催化饮料中的二氧化碳气体加速释放，引起饮料发生喷涌，但即使如此，也绝不会引起食用者身体受伤或死亡。

虽然可口可乐公司已在网络上发表了辟谣声明，但这则消息依旧不停地通过网络扩散，给公司带来不良影响。

事件八：

主角：长虹

谣言内容：长虹集团海外受骗40亿

发生时间：2003年

事件经过：

2003年3月5日，《深圳商报》刊载了“传长虹在美国遭巨额诈骗，受骗金额可能高达数亿”一文，文章称长虹在美国遭遇巨额诈骗的消息在业内传播甚盛，似乎已成为不争的事实，并且称长虹受骗已惊动了国家对外经贸部，该报记者对此传闻还进行了多方求证，感觉事态确实严重云云。尽管这则所谓的新闻很快被证明是对手策划的谣言，但危机还是来了，让人措手不及。

3月6日，股市开盘刚一个小时，四川长虹就遭受了突如其来的巨量抛售，股价上演高台跳水，到收盘时股价下跌4.22%，成交2 600多万，创出了自去年7月以来的巨量，甚至影响了大盘的走势。此后数天内，国内各媒体开始了对“长虹在美国遭巨额诈骗”事件的各个角度的追踪报道，使用了大量的篇幅，网络舆论更是沸沸扬扬。

面对着谣言的汹汹来袭，长虹立即启动危机公关，第一时间向国内各大媒体发送“致各大媒体”传真函，就长虹对《深圳商报》的失实报道表明态度，并对传言进行了反驳。然后紧急开展政府公关，利用政府资源，与绵阳市委及时进行了有效沟通，请绵阳市委出面协助处理危机。绵阳市委于3月6日晚就此事致函深圳市委，希望《深圳商报》对其失实报道予以澄清和纠正，此外还邀请国内官方新闻社和新华社的记者到长虹公司采访了长虹海外营销本部部长，就长虹在美国出口的具体情况进行说明、解释和沟通。

网络谣言的应对策略

网络谣言的生长与传播，实质上与新闻的传播过程有异曲同工之处。所以，对于网络谣言的控制与应对，必须基于对网络舆论传播路径的深入研究。

作为网络舆论的一种，网络谣言显然有其明显的特点与传播模式。所以，对于网络谣言的管理也要针对其传播模式来制定应对之道。从管理策略来说，网络谣言对于受众的吸引无非出于两个层面：事实层面的反常性和价值层面的共鸣性。从这个角度来分析，对网络谣言的应对也可以分为两条路径推进。

第一个路径：事实层面澄清真相

当谣言出炉，若内容足够反常，足够吸引人，可以想象在网络传播手段的助推下，它很快就会如长了翅膀一样，快速地扩散。所以，要控制谣言扩散和让受众了解到事实真相，可以从以下三个渠道进行追寻或重构：

1. 信源

谣言的发出源往往是模糊不清的，谣言之所以能使人相信或获得支持，重点在于其内容的反常性，但从谣言的源头上来看，其散布者的身份一般是缺乏被信任基础的。所以，化解谣言的第一步就是借助权威信源对事实进行解释，以信源的可靠性来化解受众的疑惑。如在“宝洁支持月亮教”的谣言化解中，宝洁公司请出宗教领袖来澄清谣言。

另外，当企业谣言四起时，媒体因为话题的热度会蜂拥而至，记者会想尽一切办法去搜集关于事件的资料，最大限度地去了解事件发生背后的真实情况。在这种情形下，企业应该成立专门的媒体应对中心，从企业的角度出发，为媒体提供关于事件真实情况的资料，避免记者在无法通过自身了解信息的情况下，转向外部或从第三方了解信息，从而出现被人刻意歪曲或者信息传递失真的情况，给企业造成不必要的伤害。

2. 信道

信源与信道构成了信息可信度的重要支撑。信道指的是传播此谣言信息的载体，如手机、互联网、平面媒体等。网络谣言的传播路径大都从论坛、私人博客、小网站开始，然后再在网民的推动下向其他网站扩散。所以，化解谣言深度发展的重要策略之一就是从信道选择上给予还击，如选择最有权威性的网站或媒体进行事件说明、澄清，利用新浪网、新华网或其他行业网站等具有较高公信力的媒介去还原事件的真实原貌。

另外，谣言与新闻一样，谁先报道谁就能定义信息的可信度。所以，当谣言散布时，必须迅速行动，针对谣言的类型与特点，拟定相应的策略，从可能蔓延的方向与媒体提前进行沟通，提供事实证明，让真实情况抢在谣言之前成为信息主体。如长虹在化解“海外受骗 40 亿”谣言上就处理得相当及时。

3. 信文

信文指的是传递信息的内容描述。应对谣言很重要的一点就在于以什么样的描述方式去还击造谣者，澄清性的文本必须充分考虑到网络环境的特殊性、不同阅读者的背景和身份等，再根据事实真相进行描述。如 A 品牌酒曾在某论坛中被谣言指其未开瓶的酒中出现老鼠、头发等杂物，并附上“PS”过的图片。A 品牌没有正面对此进行还击，而是请人以网友的身份在此谣言帖子后跟帖，以同样的方式描述其他五六个品牌的酒，并在每一瓶不同品牌的酒中都“PS”出蟑螂、刀、牙刷甚至是男人内裤。帖子的内容完全以调侃的方式来进行描述，使所有网民看完后都认为这只不过是一场闹剧，最终使谣言不了了之。

第二个路径：价值层面消解共鸣

谣言作为信息的一种，无论其传递的是恐怖的、攻击的、自吹的还是恶搞的内容，都必然会引起某一部分特定群体的注意与共鸣。而受众一旦对谣言产生共鸣，就会成为谣言再传播的忠实推动者。如在“千万别吃肯德基”的谣言帖中，许多原先厌恶“垃圾食品”的网民就充当了强大的谣言再传播者的角色。

要化解网络谣言的持续蔓延，有效方式之一就是消除网民对谣言内容的共鸣性。策略有：攻击造谣者（或谣言本身）、谣言内容公开化、媒体证言。

1. 攻击造谣者（或谣言本身）

如果造谣者对象是清晰的，被中伤者可以对造谣者本人的品德、诚信度或其造谣的动机进行反击，找出相关的数据或证明，指证造谣者的卑劣目的；或通过报警、公开寻求法律援助等方式，向外界表明自己是受害者。

2. 谣言内容公开化

公众之所以会相信谣言内容，是因为他们无法对谣言内容进行检验，对谣言所描述的情景或过程只能通过造谣者的讲述来判断。所以，要使公众认清谣言内容的虚假性，可以将谣言内容公开化。曾有人在网上造谣称麦当劳的厨房里老鼠横行，卫生情况极差，号召大家抵制麦当劳。针对这一谣言，麦当劳决定举办一个“一日厨房”的活动，允许报名的公众在一个月中的某一天，来麦当劳过过厨师的瘾，体验麦当劳的流水化作业，使其目睹麦当劳严格的食品卫生措施。这些公众经过现实体验之后，成为麦当劳最好的口碑传播者，使谣言最终不攻自破。

3. 媒体证言

在谣言传播过程中，媒体扮演了满足公众知情权的角色，并根据谣言的影响范围、谣言事件的大小、公众关注度的强烈程度来决定报道持续的时间。企业想要尽快结束危机的持续时间，其中应做到的很重要的一点就是满足公众对谣言的了解心理，尽可能向媒体提供关于事件的全部情况，使媒体可以深度地向公众转述谣言发生的整个经过，满足公众知情权的同时也消除了公众对谣言追踪了解的欲望。在这个过程中，媒

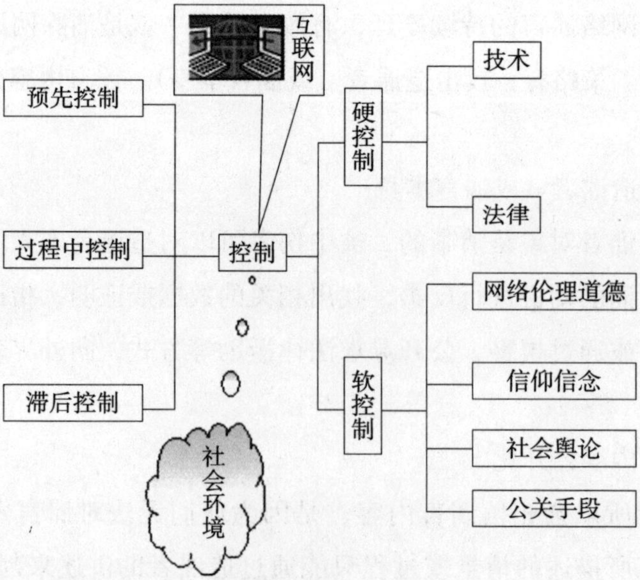

网络谣言传播的控制

体既担当了谣言的传播者同时也是谣言的澄清者，所以，与媒体进行良好的沟通能使其提供破解谣言有力的证言。

在柑橘生蛆事件中，广元市政府随后召开的新闻发布会以及持续的关于事件各种进展的说明，包括专家证词、技术鉴定等各类证明的提供，对于阻止谣言进一步扩散起到了积极的作用。

当然，面对恶性的攻击谣言，采取必要的法律手段予以还击也是一种有效的策略。在蒙牛牛奶有毒谣言中，蒙牛公司就向公安机关进行了求助，通过公安部网监局、宣传部等宣传主管部门，禁止媒体对此谣言进行再传播。另外，也可以借助某些技术手段对谣言帖进行删除、压后等处理，使谣言信息的影响面缩减到最小。

第七章

建立全面网络危机防御天盾

当越来越多的品牌危机来自深不可测的网络时，任何一位企业领导都必须转变危机管理思维，洞察一系列已经发生变化或者可能发生变化的新现象。身处这样一个负面消息随时出现的网络时代，应对危机的最好方法就是构筑起危机防御天盾，以应对随时可能出现的危机事件。

建立完善的危机公关体系已经成为企业品牌管理过程中非常重要的一环。因为企业在运营过程中难以避免地会碰到大大小小的来自外部或内部的危机，而且危机的出现随时可能发生。

公关危机在企业的整个生命周期中是不可避免的。对于危机，最重要的是预防它的发生，并预见其发生的可能性。企业越早认识到存在的威胁，越早采取适当的行动，就越有可能控制住问题的发展。从国内外企业应对危机的成功经验和失败教训中可以得出这样的结论：对危机进行预防是企业抵御危机侵害的有力武器。建立起全面有效的网络危机防御天盾已成为企业的战略重点之一。

网络危机防御：企业危机管理第一关键词

过去，在舆论的影响力上，电视、报纸、杂志位居前三，传统媒体拥有强大的舆论引导力量，其观点和立场往往影响着民众对企业或品牌的判断。在大部分民众心中，网络媒体只是传统媒体的附属，其信息来源并不具备独立的制造体系，而且由于完全开放式的管理，各种各样的消息、传闻、捕风捉影的东西充斥其中，其可信度值得怀疑。

但是，当我们翻阅 2007 年、2008 年那些轰动一时的危机事件，就会发现每一起危机事件的背后都离不开网络媒体的推动，有的甚至直接由网络引发。

随着网络对人们生活的全面入侵，网络媒体在舆论影响上的作用力加倍增长。2006 年中国网络暴力第一案——“铜须”事件的爆发完全来自魔兽世界的最初报道；而引起全社会高度关注的重庆“最牛钉子户”

事件的肇始也是重庆网友将相关图片放上天涯社区。同样，2007 年 LG 遭遇进入中国市场以来的最大危机，也是来源于网络的负面报道；2008 年三鹿事件、康师傅“水源门”事件都是由网民攻击、网民揭短而直接引发的。

展望未来数年中国危机公关发展趋势，我们可以断定，网络危机将会成为企业或组织危机管理的第一关键词。网络媒体将进一步摆脱对传统媒体的附庸，其信息来源将更具独立性，并在深度、广度、互动性等方面体现出有别于传统媒体的优势。更多有关企业的负面消息将可能第一时间出现于网络上，出现于 BBS、博客、个人论坛、专业网站、投诉网站甚至是个人式 MSN 签名档上，传统媒体将反向从网络媒体中搜集新闻素材，进而去诠释、跟进、演绎、完善某一个新闻题材特别是危机事件的报道。

> 当越来越多的品牌危机来自深不可测的网络时，任何一位企业领导都必须转变危机管理思维，洞察一系列已经发生变化或者可能发生变化的新现象。

当越来越多的品牌危机来自深不可测的网络时，任何一位企业领导都必须转变危机管理思维，洞察一系列已经发生变化或者可能发生变化的新现象。身处这样一个负面消息随时出现的网络时代，应对危机的最好方法就是构筑起危机防御天盾，以应对危机事件的发生。

六大步骤建立起网络危机防御天盾

第一步——识别和评论企业的弱点

把握危机发生的“海恩法则”。在每一次危机发生之前，必然有数十次轻微事故和若干起征兆，如果能及早洞察和读懂这些征兆，就有可能避免随之而来的危机。

在三鹿危机全面爆发之前，全国各地已有消费者反映其奶粉的质量问题，网上已有帖子批评三鹿产品，可惜并未引起企业的重视。最终事件全面曝光，三鹿危机一发不可收拾。

企业应懂得检测自己的弱点，并学会回答以下方面的问题。

1. 危机预防

公司是否有对危机信号进行监测的机制？有什么样的危机预防计划？公司对可能发生的危机有什么样的预先制定好的应对策略？

2. 危机了解

公司内部有什么问题或者弱点？该问题一旦曝光后会对公司的经营造成怎样的损害？如果某一个心怀不满的员工或股东的诉讼案及随后的政府调查或者新闻调查被公之于众，公众的反应将会怎样？企业将如何作出解释以降低事件对公司经营和公司财务的影响？可以采取哪些措施来把危机发生的可能性降到最低？

3. 危机处理能力掌握

公司的竞争对手在过去几年里有什么危机被“曝光”？他们是如何处理危机的？用了多少管理时间？到目前为止，他们为此付出了多少成本，遭受了多少业务损失？他们被起诉和被政府调查的结果如何？解决这个问题用了多长时间？如果事情发生在自己公司，公司会怎么做？从他们的经历中，公司学到了什么？有什么办法比他们做得更好？

4. 危机反应

如果在非办公时间出现危机，公司有什么样的内部沟通系统？例如，如果在星期天上午 9 点遇到危机，需要多长时间把消息传达给每一位相关责任人？

5.危机沟通

公司如何跟管理队伍和员工沟通，使他们首先从公司内部而不是从新闻媒体或者客户等外部渠道获得公司的消息？与公司的顾客、供应商和其他重要听众如何沟通？对于危机沟通，公司应该如何做？用多长时间去做？

6. 危机应对训练

如果出现危机，谁将是最佳的发言人？或者由谁去和大家沟通？如果发言人不在或者不适合这样的场合，由谁替代？他们应对记者的尖锐问题的处理能力如何？对他们的可信度和说服力，公司有多大的信心？在没有危机的时候，谁是指定的发言人？

第二步——做好互联网的监控与管理

1. 把握网民上网的入口，全面监测危机信息

面对互联网海洋般的信息，企业或组织进行监测的渠道主要有七大

类：①搜索引擎，如百度、谷歌、雅虎；②新浪、腾讯等门户网站；③天涯、人民网、新华网等论坛；④博客；⑤SNS网站，如开心网、校内网（大学生）、海内（IT专业人士）、51.com等；⑥视频类网站，如土豆、优酷、酷6、56网等；⑦行业网站、专业网站，如中国化工网对化工行业的客户影响力非常大。

2. 建立完善的危机预警系统

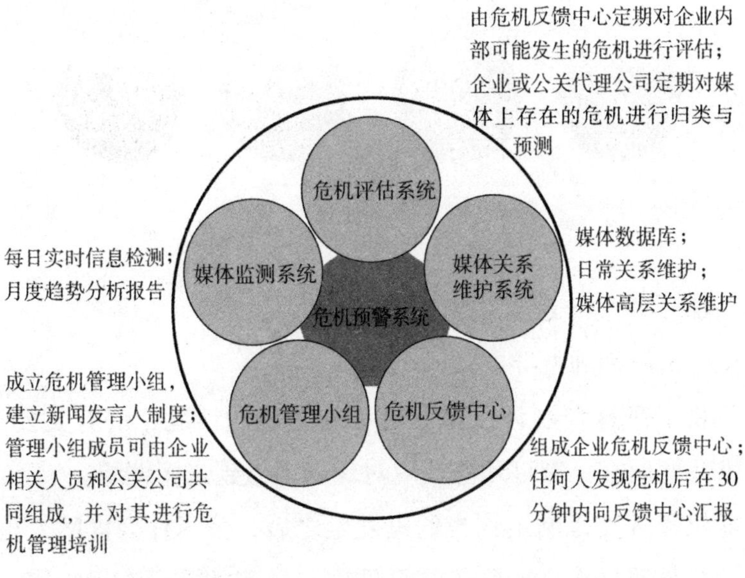

3. 设立关键词自动检索，全方位预知危机信息的出现

第三步——建立危机反应机制

1. 反应机制四项指导方针

①危机管理计划制订：就危机可能发生的情况，请有关公司高管、行业专家共同研究、制订预防及应对计划，做到未雨绸缪。

②危机管理流程制定：当危机发生之后，公司什么样的人员、什么样的部门必须对什么样的危机进行处理，处理的前后流程如何，这样的流程必须提早制定。

③舆论管理流程制定：危机发生时，谁担当新闻发言人，以什么样的方式对外发布信息都必须明确。

④善后措施制定：危机发生之后，企业要采取什么样的方式去恢复声誉，善后措施的制定非常重要。

2. 建立内部基本反应流程

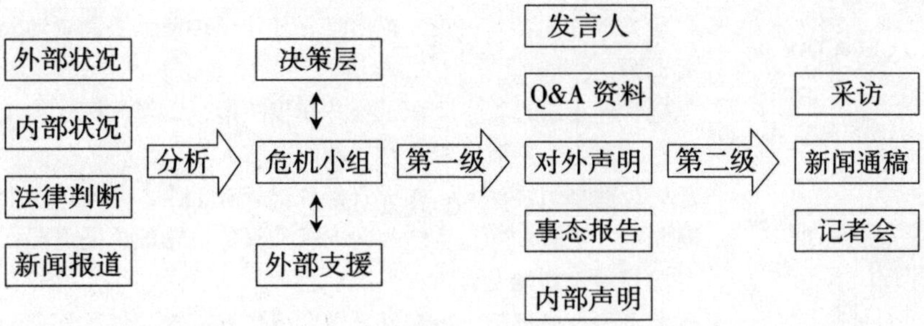

3. 建立危机决策管理架构

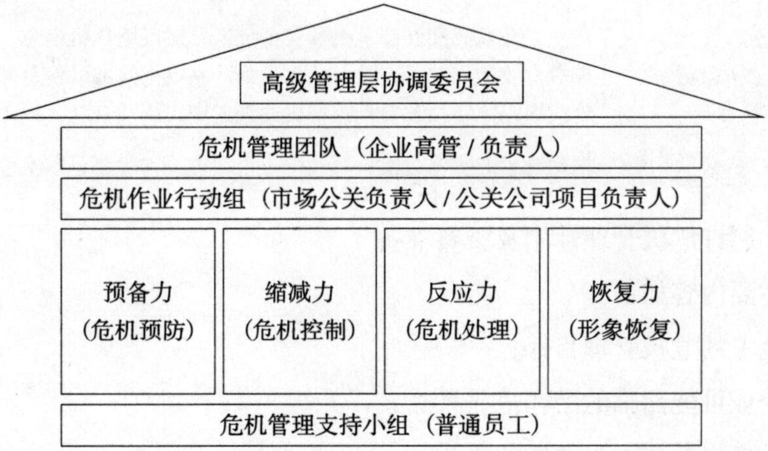

4. 制定规划，做好相关负责人的职责分工

单位及职务	分工和责任
CEO/COO	在重大事件上参与讨论，提出意见并作出决策，协调调动公司内部资源
市场总监	危机管理小组组长，听取汇报并作出决策，监督危机管理工作的推进和实施，协调资源；对外新闻发言人
公关经理	危机管理小组协调人，领导日常危机管理工作，参与危机事件策略制定并监督和参与实施，向上级汇报危机管理进展情况；必要时担当对外新闻发言人
市场部	诊断市场危机环节，发现并反馈危机信息；参与危机管理策略制定，协助实施并跟踪市场反馈；协调调动市场部门资源予以配合
法律顾问	了解、分析危机状况，为危机决策提供法律咨询并运用法律武器予以配合
公关公司	建立媒介监测和外部危机预警系统，及时反馈危机信息；向小组提供专业顾问建议，参与危机决策，制定主要传播信息并负责实施；跟踪媒体反馈并汇报危机处理进展；调动自身资源予以支持
广告公司	根据既定的实施方案，调动广告公司资源和优势予以配合

5. 制订危机管理计划及资料准备

主要内容如下：

企业的危机管理目标；

企业可能面临的潜在危机种类；

危机报备和人员协调的流程；

危机管理小组成员的名单（要有紧急的联系方式）；

明确企业第一和第二发言人（严禁发言人以外的人就事件向外部发言）；

在危机中需要立即采取的步骤（如需要接触的人或单位，危机管理小组应该集合的地方）；

准备必要的公司或组织的背景资料、备忘录、信件，以备发生危机后随时可以立即向外公布；

紧急情况下需联络的政府单位名单（如警察、质检机关和其他政府单位，要附电话号码）；

紧急情况下需要接触的新闻媒体（包括最新的名字、标题、电话和传真号码）；

企业年度经营计划中要包括危机管理计划并每年更新。

第四步——与利益相关者进行全面的沟通

1. 内部沟通（坦诚原则）

员工是危机的受害者和承担者，因此必须稳住军心，建立一个稳固的大后方。沟通方式有：邮件、内部 BBS、高管公开信、内部会议。

2. 公众沟通（公开原则）

对公众的声明应包含以下信息：

①阐述已经发生的具体问题；

②问题是如何发生的；

③问题对公众的影响；

④企业正在寻求解决问题的方式；

⑤为确保问题不会再次发生，企业将会采取的措施；

⑥企业会接受并乐意回答公众所关注的问题；

⑦如果事情发生了实质性的变化，公众会得到告知；

⑧感谢公众对企业的支持。

3. 媒体沟通（“3T”原则）

Tell your own tale（以我为主提供情况）：成立专门的媒体应对中心，

从企业的角度出发，为媒体提供关于事件真实情况的资料。

Tell it all（提供全部情况）：最大限度地向媒体提供关于危机事件的全部情况，使媒体可以深度地向公众转述危机发生的整个经过，满足公众知情权的同时也是在消除公众对危机的追踪了解欲望。

Tell it fast（尽快提供情况）：由于新闻报道存在强烈的时效性，所以企业必须在发生危机的时候，迅速了解事件真相，并第一时间向媒体提供情况说明，给外界营造一个认真对待、积极主动的形象。

4. 政府及行业主管部门沟通（诚恳原则）

①主动阐明原因；

②定期汇报情况；

③恳请政府或主管部门支持。

5. 投资者或债权人沟通（积极原则）

当危机发生时，投资者或债权人是雪中送炭还是落井下石，就看公司的危机公关水平了。沟通方式有：

①座谈会；

②信函、邮件；

③股东大会等。

6. 供应商或经销商沟通（统一原则）

供应商及经销商是与企业利益最密切相关的群体，所以当发生危机时，必须在第一时间通过多种方式与其进行沟通，争取得到其支持与谅解。

①主动阐明原因；

②定期汇报情况；

③座谈会；

④信函、邮件等。

第五步——采取危机应对策略

1. 成立危机处理小组

在总部危机公关办公室或工作小组的指导下，调配经过系统培训的专业人员，以最快的速度制订危机公关处理方案。

2. 确认危机的影响

确定受到最大影响的社会公众阶层或群体，决定对其进行沟通的主要信息，并考虑如何回答可能被问到的问题，拟出短期内必须采取的行动及沟通的优先顺序。

3. 统一危机事件处理的发布渠道

以坦诚的、解决问题的态度直面媒体和公众，并与之保持良性的互动。同时，使自己成为对危机事件处理进行公布的唯一渠道，保证信息传递的正确性、及时性。

4. 新闻发言人对外公布信息

确保公司的发言人做好了准备，并能有效地代表公司发言，在最短时间内对外公布事件的进展。

5. 寻求政府支持

如果事态严重，应该立即向上级政府部门汇报有关的情况，并与之讨论解决方案和进行沟通的步骤，必要时请政府部门出面，协助公司向公众说明事件原由。

第六步——建立危机隔离层

1. 八个步骤强化内部危机意识，提高危机应对能力

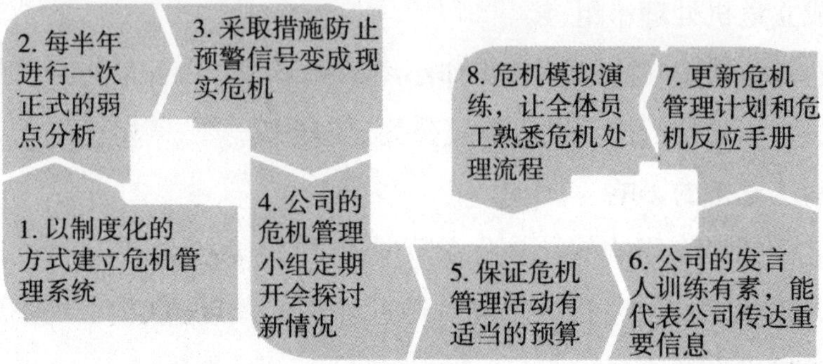

2. 对外建立美誉度，构建危机防护层

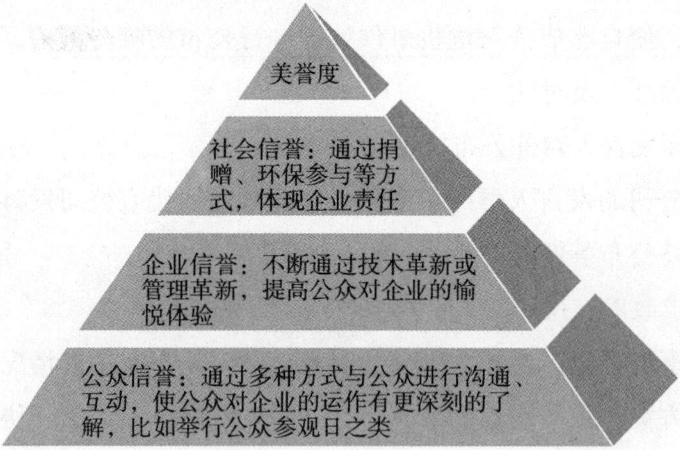

比危机天盾更为重要的危机管理七大原则

第一：信誉原则——信誉比金钱重要；

第二：防范原则——预防比处理重要；

第三：资源原则——要注意积累和维护关键资源；

第四：快速原则——快速反应、快速终结；

第五：沟通原则——沟通比堵塞有效；

第六：诚恳原则——态度比事实重要；

第七：道义原则——道义比道理重要。

案例解读：危机来临，创维如何进行全面沟通

2004年11月30日，创维集团原定于当天上午9点30分在香港召开董事会议，批准创维数码（0751.HK）中期报告，并在下午向媒体公开。创维董事长黄宏生不到9点已从深圳抵达香港鲗鱼涌华兰中心。

而同一时间，创维总经理张学斌还在深圳与一位外商谈判。之后，他与营销总部总经理刘棠枝会合前往香港，准备出席下午的媒体会。刚过海关，张学斌接到创维多媒体国际公司总裁陈建国的电话，说集团出事了，创维数码被停牌，

记者会被临时取消。原来，黄宏生和其弟黄培升、创维首席财务官郑建中等9名董事一起被请到了廉政公署。

震惊和迷惑中的张学斌中午赶到香港时，发现公司已被查封。他给黄宏生打了一个电话，得到黄宏生两条口头指令：一是董事长职权暂交由他行使；二是赶紧向政府汇报。同时，香港媒体报道：创维集团黄宏生等人被香港廉政公署拘捕。

在香港媒体报道的同时，内地各媒体也迅速知晓此事，并开始猜测议论，来自香港的消息大大刺激了媒体的兴奋点，各大媒体纷纷酝酿对此事件的大幅报道。深圳创维总部开始接到全国各地媒体打来的无数个询问电话。山雨欲来风满楼，似乎一场巨大的舆论危机即将掀起。

迅速行动，把握危机传播主动权

当黄宏生被捕的消息传来，创维总部立即意识到危机迫在眉睫，在第一时间成立了危机管理小组，并对危机事件进行了仔细的分析，迅速制定了应对策略。

随后，总经理张学斌马不停蹄地赶到深圳市政府汇报情况，同时向广东省政府递交了一份报告，希望得到来自政府的支持与理解。像创维这样年销售额过百亿、拥有6万员工的大型企业遇变，政府态度直接影响到银行、供应商、媒体以及社会各界的看法。及时将企业危机状况向政府公开，对获取其支持极为重要。

当天晚上20点30分，张学斌主持召开了创维集团正式危机处理会议。与会所有高层都很清楚：他们这个晚上的决策，将决定创维的存亡。

会议首先对媒体公关定调。张学斌认为，对媒体的危机公关要诀是主动出击，应第一时间告诉媒体真相，而非消极回避。他说：“如果我们刻意回避隐瞒，媒体就会猜测、传播小道消息。”

会议结束，创维当即向全国各媒体发出标有“特急”字样的传真，发布紧急公告，正面证实“确有部分董事配合有关机构调查”一事，同时表明企业生产经营管理一切正常。同时，确定次日召开新闻发布会，并于当晚向全国媒体发出邀请。

危机沟通启示：CEO 被捕属于一个企业的高度危机，必然引来外界的高度关注，而媒体同样会对事件保持高度的关注，努力通过各种渠道去探求 CEO 被捕背后是否有什么不为人知的秘密。所以，如果在这个关键节点上，企业反应迟缓或者对事件的发生三缄其口，就必然引起外界的种种猜测，导致危机继续加重。而创维危机沟通第一步成功之处就在于其反应迅速、态度诚恳、方式恰当、控制有效，并且牢牢控制了危机信息传播主动权。

积极主动，传递正面良性信息

12 月 1 日，国内部分媒体刊出了这起事件的报道，但由于时间仓促，且创维已经做了大量紧急沟通工作，多数媒体只以短消息作了事件的简单报道。但是，可以预料的是，社会各界仍然对黄宏生被捕事件充满好奇与关注，他们都迫切希望通过媒体全面、深入的报道去了解更多的信息。而与此同时，全国各地的媒体也正在通过多种渠道去了解事件的更多信息，他们的好奇心、关注度、探求事件的渴望必须被满足，否则，后续各种新闻报道将会对此危机事件有各种偏离事实的解读。创维明白，对于此事件的信息传播权只能牢牢把握在企业手中，所以必须迅速举行新闻发布会。

当天下午5点，新闻发布会召开，创维在深圳的所有董事高层全部到场。在发布会上，创维高层非常诚恳地回答了媒体提出的所有问题，让与会者感受到企业在处理这一危机事件上的真诚态度。更出乎媒体意料的是，在发布会快结束时，所有创维高层都手挽手站立，向外界表达企业对此事件的高度重视和同心协力、共渡难关的决心。

在发布会之后，创维再度向外发表声明：①尊重香港廉署的执法程序和调查结论；②创维集团非个人所有；③创维数码不等于创维集团，提醒新闻媒体不要因此造成对内地企业的误解与伤害。

危机沟通启示：通过危机发生首日及次日的紧急运作，创维成功地赢得了媒体的肯定与支持，控制了危机的升级与蔓延，掌握了信息传播的主动权，成功地完成了危机管理的第一步。同时，在发布会上出色的媒体应对、高层携手表决心的姿态都向外界传递了创维在处理危机事件上的诚恳态度，而在整个危机沟通过程中，创维所表现出来的有理有据、积极主动的态度更是赢得了所有媒体的认可。

展开行业公关沟通，全力保护市场完整

作为大型的家电制造商，创维意识到渠道商的支持对于企业化解危机有极大的帮助。所以，在媒体沟通之后，创维又紧急启动了渠道商的沟通策略。

12月1日，创维紧急展开行动，与渠道商方面进行沟通，赢得下游流通渠道商的支持：中国四大家电渠道商国美、苏宁、永乐、大中一齐

发表声明，高调支持危机中的创维。四大巨头表示，“无论发生什么情况，全力支持创维”，同时表示，将与创维签订大型商业购销协议。

国美：“国美与创维始终保持着良好的关系，创维是发展民族制造业的一面旗帜，经受了市场的风雨，国美任何时候都将对这面旗帜保持信心。”

苏宁：“苏宁与创维多年的合作共赢，创造了制造业与渠道商合作的佳话。这一关系今后不会有任何改变。”

永乐：“深切关注创维局面，创维是国际化大企业，经受过各种考验，我们对创维渡过难关充满信心。”

大中：“创维取得的骄人业绩，不是个别事件所能影响的，始终为我们所敬重。”

在成功取得四大渠道商的支持之后，创维又乘胜追击，将目光转向上游供应渠道的八大彩管巨头，希望通过深入的沟通，赢得上游供应商的支持。

12 月 2 日，北京松下、彩虹、三星等八大国内彩管企业发表声明，表示将优先保证创维的原材料供应。

彩虹表示，将预留 3 200 万港元应付创维危机，保证创维彩管供应。

危机沟通启示：由于创维危机沟通的深入到位，成功赢得了上、下游合作伙伴的鼎力支持，将本次危机管理推向了高潮。这种盛世团结的局面在中国家电企业中是从未有过的。至此，公众不仅见证了创维高超的公关能力，更见证了创维出色的危机管理能力。

启动银行政府公关，确保企业资金链安全

在成功地完成了媒体公关与行业公关后，创维并未放松。根据巨人、爱多等企业的前车之鉴，创维知道稳定企业资金链在危机来监时刻的重要性，于是迅速启动了银行方面的危机沟通方案，争取七大银行的支持。

12月3日，创维紧急宣布：企业目前拥有可支配资金30亿元。

广发、兴业、民生、工商、深圳发展、招商及农业七家银行深圳分行行长集体出现在创维大厦，代表众银行集体表示全力支持创维集团。

与此同时，深圳市副市长表明政府态度：创维作为深圳名牌企业，将会继续得到政府的大力支持。

至此，借助于上下游渠道商、银行及当地政府等不同层面的力量，创维已经完全控制并扭转了危机局面，整个事态已经朝着可控制的方向发展。

但是，创维此次的危机管理仍然没有结束，在控制、化解了危机之后，他们又开始进行危机的善后恢复，化危机为机会，进行品牌的重塑与提升。

当媒体的关注从好奇心转向理性分析时，创维组织了一系列的公关沟通活动，启动了新一轮的美誉度公关：宣布重大投资项目开工，广邀政府高管、行业代表、媒体记者参加，展示集团发展的良好势头，以好消息淡化危机影响；同时又大搞终端促销活动，频传销售喜报。

在此次危机中，创维由于与利益团体的沟通深入到位，所以危机的负面影响不仅迅速得以控制，而且在一系列出色的运作下，品牌的曝光率也攀升到了前所未有的高点。公众在关注黄宏生被捕事件的同时，也在关注着创维的进一步走向，创维的领导人人选更成为全民焦点。借助于公众及媒体的高度关注，创维人又大胆地进行了一轮企业换帅工作。

（1）制造悬念。向外界透露新任领导人有诸多人选，引发外界的关注与好奇。

（2）透露信息。告知外界企业将进行改组，原黄系人马全部退出董事会，新任 CEO 即将上任。

（3）新任 CEO 高调上任。新任 CEO 王殿甫赴京亮相，同时在北京召开新闻发布会，再次展现创维的新气象及良好发展势头。

危机沟通启示：从 11 月 30 日到 12 月 23 日，短短 23 天时间，创维经历了企业历史上最大的一场危机，在这场足以摧毁一个企业的重大危机中，创维不仅闯过了劫难，还在行动中展示了企业高超的危机管理水平及其强大的品牌影响力与号召力，这与创维出色的危机沟通能力密不可分，让创维在危机的关键时刻成功赢得多方的支持。

第八章

声誉管理：企业危机防御最佳天盾

企业声誉是广泛的利益相关方一段时期以来对公司产生的综合认知，它包含不同程度的信任和尊重。在危机重重的网络时代，良好的声誉是防御企业发生危机的最有利天盾。

行业制高者的社会责任

2008年11月15日、16日，央视《新闻30分》栏目连续两天报道了百度竞价排名的黑幕，百度竞价排名被指过多地人工干涉搜索结果，发布垃圾信息，涉及恶意屏蔽，从而引发了公众对其信息公平性与商业道德的质疑。这是继“三鹿门”之后，百度这一中文搜索引擎再次被舆论推向风口浪尖。

央视的批评迅速引起了资本市场的连锁反应。11月20日，百度股价在纳斯达克收盘时大跌44.8美元，跌至134.09美元，跌幅达25.04%，市值近46亿美元，较上一周的60亿美元缩水14亿美元。

不仅资本市场以股价跳水的方式惩罚了百度不负责任的做法，网络上铺天盖地的舆论批评也让百度这个中国最知名的互联网企业一下子恶名远传：百度竞价排名被网民称为“勒索营销”，百度成为借行业垄断地位进行利益要挟的强盗企业，企业美誉度受到严重影响。

行业制高者的社会责任

作为全球中文第一大搜索引擎商，百度在中国内地占据了65%的市场，已经遥遥领先地成为中国用户首选的搜索引擎。当初这个打着民族品牌旗号的搜索引擎，在众多同类品牌中能迅速崛起与公众对它的信任是分不开的。

搜索引擎是互联网信息的集大成者以及重要的入口。对于网民而言，搜索引擎已不仅仅是一种纯技术性的信息汇总，更是一种能辨真伪、优化海量资讯的有力信息获取辅助工具。所以，搜索引擎的公信力是其最为宝贵的资源——利用自身的技术优势，对海量信息进行过滤与萃取，为网民提供一个最真实、有效的资讯查询结果，这正是用户以往信任并选择百度的原因。

对于行业垄断者而言，企业的社会责任意识、对社会责任法则的遵守及履行力度往往比企业赢利性更受人关注。

但是，这种对百度公正、客观、权威的信息集成能力的信任正逐渐消失，随着“三鹿负面新闻屏蔽事件”、“勒索营销”等恶性事件的曝光，百度面临着前所未有的信任危机。而引致这种声誉危机的深层原因，正是百度作为行业巨头的社会责任意识的缺失。

与 MSN、淘宝、QQ、谷歌等其他互联网巨头一样，百度拥有左右行业进程的力量。对于行业垄断者而言，企业的社会责任意识、对社会责任法则的遵守及履行力度往往比企业赢利性更受人关注。因为对于这些企业而言，站在一个行业的制高点之上，他们的一言一行、一举一动已不仅仅是代表企业自身的表现，而是能够广泛波及其他企业、影响到上下游价值链的发展。人们关注的焦点在于，如百度这样的行业隐性垄断者是运用自身的寡头性力量推动行业朝理性、健康的方向发展，还是利用垄断性资源大肆牟利而破坏行业正常规则。

如果中国移动默许企业肆意向用户发送垃圾短信，如果国美允许不合格家电产品随便进入其流通渠道，如果阿里巴巴放任贸易者互相欺诈而不守诚信，那么这些企业将不仅仅是破坏了自身的公信力，更会摧毁消费者对一个企业长期建立起来的信任感。百度“勒索营销”的危机风波正是引发社会关注此类尖锐问题的最好案例。

在法制成熟的西方社会，政府对于行业制高者的要求异常严格，一方面是对这些企业是否利用自身优势压制其他竞争对手进行反垄断限制；另一方面则是对垄断企业的社会责任履行提出更高的要求。垄断企业的社会责任履行包括三个方面：

1. 推进行业良性发展

通过技术许可、转移、合作等方式，提升整个行业的发展水平，促进行业的健康发展。如微软通过技术协议与众多厂商的合作，共同促进了 IT 行业的发展。

2. 社会责任普及性履行

运用自身的资源、资金、技术帮助政府、社会及普通民众获取知识或改善生活状况。如可口可乐十几年来在中国一直赞助希望工程。

3. 为消费者提供更多消费价值

通过技术的普及应用等方式，为消费者提供更好、更便利的消费环境与消费价值。

在一个法制完善的社会制度中，如果这些行业制高者被查实违背社会责任法则、有阴谋地做出损害消费者利益的行为，那么其所要承担的后果不仅仅是受媒体谴责，更可能面临高额的惩罚性罚款。假如这次卷入“勒索营销”的企业是 Google，它将可能面临美国政府严厉的惩罚。

社会责任的缺失往往令企业为了自身利益而忽视对社会利益、消费者利益、行业利益的顾及，从而做出一些短视而冒险的行为。三鹿危机在大规模爆发的半年前，三鹿管理层已知道其奶粉受三聚氰胺的污染，但出于商业利益的考虑，管理层不仅没有下令回收问题奶粉，反而掩盖事实，秘密收买投诉的消费者，删掉报道的负面新闻，企图瞒天过海。

最后危机一发不可收拾，企业品牌毁于一旦。

社会责任的履行与遵守是企业建立良好声誉的基础，而良好的企业声誉，是企业赢得社会支持、媒体支持、消费者支持的最有力后盾，更是防止一些潜伏危机发生的天然盾牌。

声誉管理：危机之盾

魏文王问名医扁鹊："你们家兄弟三人都精于医术，到底哪一位最好呢？"

扁鹊答道："长兄最好，中兄次之，我最差。"

文王再问："那么为什么你最出名呢？"

扁鹊答道："我长兄治病，是治病于病情发作之前。由于一般人不知道他事先能铲除病因，所以他的名气无法传出去，只有我们家的人才知道。我中兄治病，是治病于病情初起之时。一般人以为他只能治轻微的小病，所以他的名气只及于本乡里。而我扁鹊治病，是治病于病情严重之时。一般人都看到我在经脉上穿针管来放血、在皮肤上敷药等大手术，所以以为我的医术高明，名气因此响遍全国。"

文王说："你说得好极了。"

企业危机管理就如医生治病，事后控制不如事中控制，事中控制不如事前控制，而企业声誉的建立正是良医治未病的最好佐证。

企业声誉是指一个企业获得社会公众信任和赞美的程度，以及企业在社会公众中影响效果好坏的程度。声誉管理是对企业声誉的创建和维护，是指企业以正确决策为指导，通过声誉投资、交往等手段，从每个员工做起，建立和维持与社会公众的信任关系的一种现代管理方法。声誉管理的核心是企业对社会责任的遵守与履行。

从2008年年初的“东航返航”事件到2008年年底的百度“勒索营销”事件，连续不断的企业危机给企业声誉带来了巨大的负面影响。这种负面影响不但打击了特定企业的声誉和品牌形象，甚至给一个行业或一个制造领域带来声誉危机。三鹿事件就让国内消费者对国内整个乳产品行业的信任感摇摇欲坠，这种特定行业的声誉危机如果进一步引发社会不安的蔓延，将会带来一个更大规模危机的爆发——国家形象危机，这个可以从“出口毒玩具事件”导致的“中国制造危机”一事上得到证实。

无数的案例表明，一家企业若有着良好的声誉，则更容易吸引人才，培养更高的员工忠诚度，能够增加顾客对产品和服务的信心，建立更高的客户忠诚度，有利于企业保持长期的超额利润，并且能够构筑市场进入壁垒，抵御竞争者进入，巩固企业的竞争地位。更重要的是，当企业发生危机时，良好的企业声誉能够协助企业在最短的时间内恢复公众信心，使其品牌产品重新占领市场。在企业声誉管理与建设方面，跨国企业往往比本土企业更有远见、更愿意进行长期的投入。

2005年，肯德基在发生“苏丹红”事件之后，虽然因处理不当受到全国媒体口诛笔伐，但“苏丹红”的关注热点过后，肯德基餐厅中依然人头涌涌。而各地的肯德基早前也曾被曝出售卖过期食品、在汉堡包中吃出铁钉等杂物的事件，但除全国各地媒体意淫般兴奋地炒作了一番之外，市场反应却一片平静——光顾过肯德基的顾客照样光顾，没有光顾过的顾客也在朋友鼓动下跃跃欲试。

危机之后，肯德基餐厅仍是一片歌舞升平的景象，这让人想起几年前南京冠生园黯然退出市场的背影。2001年9月，南京冠生园被揭露使用陈馅做月饼，信誉危机让冠生园彻底无人问津，短短几个月时间就被市场抛弃。

同样是产品质量危机，为什么肯德基危机与冠生园危机对品牌的影响会截然不同？在这背后，肯德基的品牌厚度与长年累积的声誉认知成为抵御危机最好的盾牌，而冠生园却只有品牌知名度，缺乏品牌厚度以及声誉支撑，所以面对来势汹汹的危机，品牌的大坝瞬间一溃千里。

出色的声誉管理可以不断提升品牌的价值，而迅速有效的危机公关则能够使企业及品牌在危机汹汹来袭时获得一张“免死金牌”。

出色的声誉管理可以不断提升品牌的价值，而迅速有效的危机公关则能够使企业及品牌在危机汹汹来袭时获得一张“免死金牌”。麦当劳与肯德基在危机过后的稳若泰山，以及从中表现出的化“危机”为“商机”的智慧经验，可以说给中国本土的企业上了一堂很好的危机公关课。

企业声誉的六大构成

对于企业声誉，长期致力于公司声誉研究的纽约大学斯登商学院教授查尔斯·弗布伦（Charles Fombrun）认为，公司声誉由如下六个方面构成：

情感感染力：这使得人们从感性上喜欢、仰慕或信任一家公司。

产品和服务：公司生产和提供的产品及服务是高质量的、创新的、可靠的，有顾客认可的价值。

财务表现：公司向投资者提供令其满意的回报，而且未来仍然有提供持续回报的前景。

愿景和领导力：公司对未来有明确的抱负和理想，并且拥有强有力的领导层来实现该愿景。

工作环境：公司管理良好，拥有一流的员工，是一个值得向往的工作场所。

社会责任：公司是一个良好的企业公民，不遗余力地支持社会正义，保护环境。

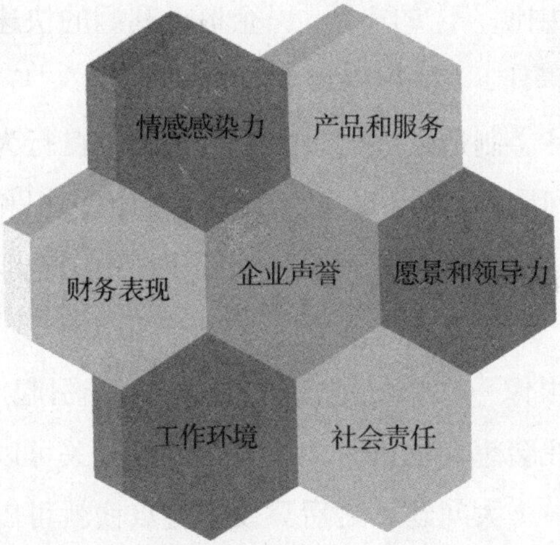

中国企业声誉危机的源头

在一个充满不确定性的市场环境中，企业加强日常声誉管理是将危机的种子扼杀在萌芽中的有效策略。企业巨头首先应该认识到，企业社会责任感的缺失是诱发各种企业危机最根本的原因。企业的社会责任就是指企业要主动承担起对员工、对客户、对上下游合作伙伴、对中介机构以及对所在社区等利益相关者的法律和道义责任，包括遵守商业法律法规、保护企业员工的合法权益、恪守商业道德、关心弱势群体等。

2006年6月中旬，英国《星期日邮报》报道称，苹果公司的iPod生产自血汗工厂，其中的一间代工工厂被指为台湾鸿海集团旗下的富士康公司。该报道称，代工企业女工“月收入仅有27英镑（按当时汇价约合人民币387元），但每天的工作时间却长达15个小时”。台湾媒体随即跟进此事，对富士康工厂进行更多、更详尽的报道，苹果和富士康因此陷入严重的声誉危机之中。

而中国内地的很多企业还好像从未意识到企业社会责任建设的重要性，与跨国企业相比，不少国企、民企追求利润的快速增长，漠视企业对社会和公众的责任，急功近利、唯利是图，拖欠工人工资、做假账、制售假冒伪劣商品、制造重大污染事件等各种不良行为造成的社会问题比比皆是。这些问题不断堆积，加上地方政府的偏袒和企业对社会责任的逃避，再加上法制不够完善等原因，就成了中国企业声誉危机的根本源头。

危机的发生很像一次煤气泄漏，警铃响起，引起周围群众的惊慌。这个时候企业往往会想到危机公关，以为危机公关可以消除警报声，让外界认为这不是一个大问题，之后只要多花点钱就可以重新树立企业的声誉，殊不知，这恰恰是错误理解了公共关系的重要职能。

公共关系的根本目的在于让企业时时刻刻重视自己的利益相关者，让企业的所作所为能符合企业员工、客户、合作伙伴、中介机构以及所在社区等的利益，得到他们的支持。这才是企业得以不断发展并获得长期利益的基础，也正是企业制定声誉管理策略的根本依据。

危机公关的一时作用也许可以把煤气泄漏引发的警铃关掉，但是如果企业不知道解决危机的根本办法在于关上“煤气阀门”的话，危机的警铃还是会再次响起来的。

日本山之内制药公司曾收到过一封恐吓信，信中声称已在山之内公司的某个眼药水产品中放入了毒物，会导致使用者眼睛失明。虽然这封恐吓信尚未被证实，但是山之内公司还是在报警的同时立刻召回全国所有货架上的产品，首先确保消费者不会因使用而导致风险。警方最后证实恐吓者并没有付诸实际行动，山之内公司为此花费了一笔不菲的撤柜和重新上柜的费用，但是这家公司在受到外来威胁时首先保护消费者利益的做法却让消费者赞叹，之后其市场份额随着企业声誉的高涨而不断提高。这是一则典型的企业承担社会责任获得良好声誉，从而化解重大危机的最佳案例。

企业的公共关系顾问和公关专业人员也应该从平时和危机来临时两个不同的时期去提醒企业更好地承担社会责任。平时的企业社会责任主要应该体现在企业发展的基本理念和战略中，遵纪守法、注重消费者利益都是最基本的内容。企业公关顾问应该时时提醒企业做到这一点，这也是预防企业危机发生的最好措施。

而当危机来临时，公关顾问应该建议企业，在应对危机时要立足于消费者和公众的利益而非企业利益，如果企业的危机应对更多的是从社会责任的角度去思考和行动的话，那么这种危机处理也应该是最有效率和最具成果的。

社会责任：企业声誉的核心基础

企业声誉是企业在整合企业实际、自我认同和期望认同之后形成的，这三者之间相互协同平衡，形成一个稳定的等边三角形，使各个利益相关方对企业产品有了正面的认知、评价和情感联系。

一个优秀的企业在发展过程中必然会平衡企业的各个利益相关方——股东、员工、客户、合作伙伴、资源环境和社会，同时，在所有这六个方面实现盈余，而这种平衡更是公众对企业形成良好认知的基础。企业的富有社会责任感的举动，或者好的企业公民行为，都会帮助企业树立良好的企业形象，建立良好的社会声誉。

越来越多的事实表明，企业社会责任感的履行不仅有利于强化消费者对企业品牌的认同，提升企业声誉，更有助于企业在危机来临时防御危机的最佳盾牌。

从战略角度认识企业社会责任

企业社会责任是指企业在创造利润、对股东利益负责的同时，还要承担对企业利益相关者的责任，保护其权益，以求不仅在经济方面，更在社会、环境等领域获得可持续发展的能力。

企业社会责任这一概念最早由美国运通公司于 1981 年提出，该公司是在全国性的营销活动中利用与公益事业相结合的市场营销将信用卡的使用与公司捐赠相对应的第一家公司。1983 年，该公司捐赠 170 万美元修复自由女神像。也因此，企业社会责任渐成全球营销界的热点话题。

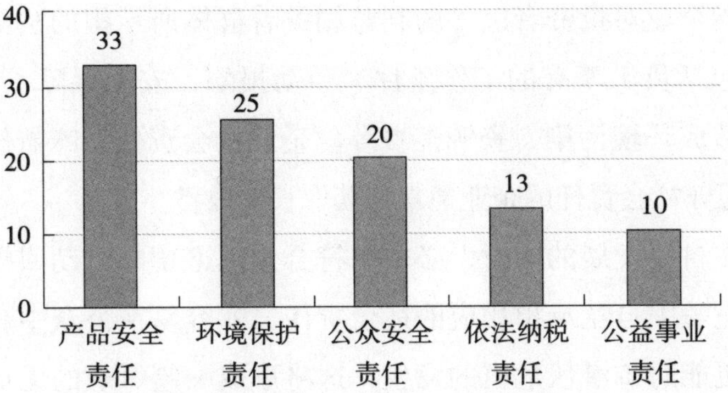

数据调查：零点调查

中国企业最迫切需要履行的社会责任

同样，作为企业社会责任的履行者与推动者，安利公司也很早就参与了公益事业，以此凸显企业的社会责任感。当年加勒比海油轮泄漏，造成了巨大的环境污染，无数海鸥翅膀被油粘连，失去飞翔能力。安利发动当地的直销人员，用著名的起家产品 LOC 清洁海鸥翅膀。当成千上万的海鸥重新展翅高飞时，世人共同目睹了安利的爱心与注重环保的精神。而 LOC 产品的非凡品质亦得以证明和宣传，成为安利 40 多年来在全球畅销不衰的洗涤用品。

企业在市场竞争中自觉承担相应的社会责任，就容易在公众中获得更高的信任度，更能防御潜伏危机的发生，这将形成一笔可观的无形资产。

在现代社会，片面追求企业利润最大化是不可行的，因为其实质上是掠夺社会资源和自然资源，以牺牲社会公共利益为代价，所以提升企业社会责任感的呼声越来越高。

众所周知，企业发展离不开社会发展，没有社会的发展也就没有企业的发展。企业的社会责任是指企业对投资者以外的利益相关者群体所承担的法律责任和道义责任，包括员工享有的工作条件、劳动报酬、安全保障、教育培训，以及是否造成环境污染、资源浪费等。企业社会责任意味着健康、安全和环境，遵守社会责任的企业通常能获取长期效益。

企业在自身发展的同时，必须以符合伦理道德的行动回报社会。企业在市场竞争中自觉承担相应的社会责任，就容易在公众中获得更高的信任度，更能防御潜伏危机的发生，这将形成一笔可观的无形资产，使其产品和服务对消费者具有更大的吸引力，这就是企业从战略高度重视社会责任的原因。

积极履行社会责任使企业受益

1992年，在美国洛杉矶中南部暴乱期间，许多商店被毁坏，但麦当劳餐厅却安然无损，是良好的声誉保护了麦当劳。

麦当劳的高级主管们事后说，公司以及麦当劳之家在创造就业机会和发展社区关系方面的努力，为公司赢得了非常好的声誉，以至于暴乱的参与者们拒绝破坏麦当劳的店铺。尽管恶意破坏的行为给这一地区的商业造成了巨大的损失，但麦当劳在这里的60家特许经营店全部都幸免于难。在社区中的良好声誉变成了企业遭遇危机时期的无形保护伞。

> 在洛杉矶暴乱中，麦当劳60家特许经营店都幸免于难——麦当劳持续的社会责任履行和由此形成的良好声誉变成了企业遭遇危机时期的无形财富。

与之对照的是，2005年12月20日，在美国股票市场，沃尔玛公司的股价下跌了0.6%。导致下跌的主要原因是，该公司因危险垃圾处理问题正接受刑事调查。原来，沃尔玛在处理发胶、油漆和木炭等危险垃圾时，没有按规定将这些垃圾直接运送到指定地点，导致危险的化学成分可能在运输过程中泄漏，从而污染环境。沃尔玛公司对于社会利益的漠视严重影响了消费者和社会团体对其品牌形象的好感，而此举造成的直接后果就是投资者对其股票的抛售。

在美国进行的一项民意测验表明，公众普遍欢迎积极承担社会责任的公司，而对那些置社会公益于不顾的企业抱有严重的抵触情绪。调查结果显示，91%的美国人在了解到某企业在社会责任方面有消极举动时，会考虑购买另一家公司的产品；85%的人会把这方面信息告诉其家人和朋友；83%的人会拒绝购买该企业的股票；80%的人会拒绝在该公司工作。

而在另一项调查中，超过50%的人表示会首选赞助他们所拥戴的公益事业的公司购买产品，60%的人觉得与公益有关联的公司更可信，90%的公司员工坦承为在参与了公益项目的公司工作感到骄傲。所以，正是整个社会对于企业社会责任感的高度关注，使企业越来越重视对自身公益形象的维护，不断投入资源去参与和启动某些公益事业。

“好的企业与优秀的企业之间是有差别的。一家好的企业可以提供优秀的产品和服务；一家优秀的企业也可以提供优秀的产品和服务，但他还要努力地让这个世界变得更美好”，美国福特汽车公司董事长兼首席执行官小威廉·克莱·福特如是说。他所说的“让这个世界变得更美好”，就是说，企业不仅要赚钱，还要想着“做好事”来回报社会，以尽到企业的社会责任。

国内有些企业认为，履行社会责任是白白地付出资源，所获得的回报至多是给企业增加一点知名度罢了。但全球“营销之父”菲利普·科特勒在他的著作《企业的社会责任》一书中说，社会责任不仅能让企业通过“做好事”来“做得好”，而且还能使企业通过公益事业得到更多的商业机会。

研究表明，参与社会活动的企业已经取得了一系列的实际利益：

①危机发生的概率下降；

②销售额和市场份额增长；

③品牌定位得到巩固；

④企业形象和影响力得到提升；

⑤吸引、激励和保留员工的能力得到提高；

⑥运营成本降低；

⑦对投资者和财务分析师的吸引力增大。

正是因为这些实际的利益以及长远的价值体现，越来越多的企业将公益营销纳入企业的发展战略与营销策略之中，并将其视为一种行之有效的营销工具。关注社会责任、参与公益事业对企业来说是一种“双赢”，这一点已经成了国际化大企业和商界翘楚的共识。公司的根本利益和长远利益与社会、环境和公众利益息息相关，互为依托。注重和谐，承担社会责任已经成了企业可持续发展的必然要求。

如何履行社会责任化解危机

印度尼西亚在20世纪80年代是世界银行推行的一个经济发展典范，然而90年代后半期的亚洲金融危机使之受到了沉重打击，企业纷纷倒闭，失业率不断升高。但是，在这种情况下，许多跨国企业如联合利华却依然保持高利润率的增长，因而受到了当地媒体和政府的猛烈批评。外界将联合利华视为一家缺乏社会责任感的企业，许多民众更是对联合利华形成强烈的敌意，呼吁抵制联合利华的产品，恶意阻挠公司的正常运营。

针对这一情况，为了化解潜伏的危机，提升公司声誉，联合利华决定同一家名为 Oxfam 的公益机构合作，并对公司业务给印度尼西亚社会和经济所造成的影响展开了研究。在取得了相应成果的基础上，联合利华调整了其供应商网络，强调同占其网络 84%的印度尼西亚国内供应商长期合作，利用其高效的库存系统，使公司产品能够通过 180 万家小型零售摊点进行分销，并在此过程中创造了 18.8 万个就业岗位。同 Oxfam 的这一合作，使联合利华获得了一种发挥社会影响的新视野和一套新的业绩评价指标，并加深了同印度尼西亚社会各阶层的互信关系。

企业声誉管理五大原则

决定公司声誉的关键并不在于企业说了些什么，而在于企业实际上做了些什么，以及说和做之间是否一致。

美国学者查尔斯·J. 福诺布龙在其著名的《声誉与财富》一书中指出，提升知名度、塑造独特性、建立诚信度、保持透明度和保持一致性是企业开展声誉管理的五个重要原则。这五大原则的综合运用，将大大提升企业的声誉及影响力，并有效防范危机的发生。

提升知名度：企业的知名度意味着公众对其的熟悉度，在许多情况下，熟悉度能够给公众带来亲切感与信任感，所以，公司对于知名度的提升是建立长期声誉的一项基础工作。

塑造独特性：企业强大的声誉源于企业在各类利益相关者心中所占

有的独特而难以取代的位置。如英特尔在电脑芯片领域的独特性地位，使公众对其产生一种高山仰止的感觉，从而形成一种牢固的形象认知。

建立诚信度：诚信是企业生存的基础，是企业与利益相关团体建立牢固关系的底线。这种诚信度既来自于日常的经营法则，也来自于企业对社会责任的持续履行。

保持透明度：企业作为社会组织之一，必然与某一类消费群体密切相关，而这一消费群体也必然会对企业的运营、品牌管理、产品生产形成一定的兴趣。企业要强化与公众的沟通，保持一定的透明度，使公众对企业运营有更深刻的了解，这不仅有助于拉近企业与公众的心理距离，也是促使他们对企业形成良好认知的重要保证。

一致性原则：企业在针对各种利益相关者的行动和交流中应协调一致，各部门不能各自为政，向公众传达不一致的信息，使他们无所适从，从而损害企业的可信度。同时，企业应该保持对公众的一致性承诺，将企业的对外政策、责任履行、互动沟通持续不变地贯彻下去，最终形成一个统一的良好的对外形象。

企业声誉：安全网与机会平台

从企业社会责任角度来说，公司（企业）履行自己的社会权利和义务的行为被称为“公司公民行为”。不同的公司，其公民行为的表现各不相同，好的公司公民行为把实现公司自身的利益和社会的利益紧密联系在一起。声誉管理研究者戴维斯·扬认为，当一个企业成为良好的社会公民之后，它将具有超越法律范围的政治意义，这意味着积极的承诺、责任和在一个社区、社会、国家乃至全球范围内创造差异的能力，而正是这种差异铸就了声誉的形成。

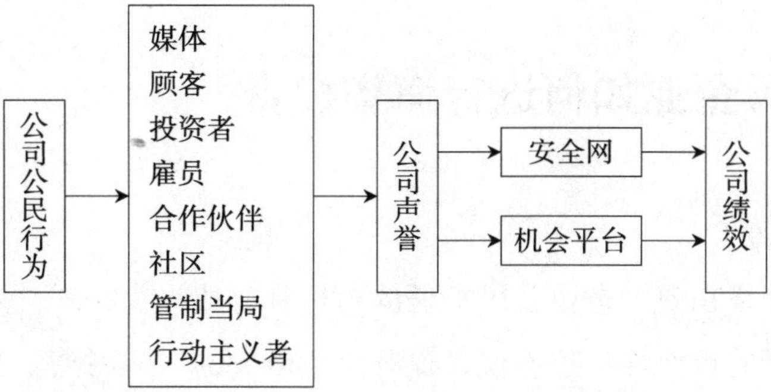

以公司公民行为为基础的企业声誉管理模式示意图

按照戴维斯·扬的理论，公司声誉管理是一个系统工程，它遵循“水桶原理”——公司公民行为作用于媒体、顾客、投资者、雇员、合作伙伴、社区、管制当局、社会行动主义者等八类利益相关者，并且从每一类利益相关者处获得支持的承诺，以建立良好的声誉。

良好声誉一旦确立，在公司运营中就分化为安全网和机会平台两种职能。安全网能帮助公司渡过危机，提高公司的生存能力；机会平台能帮助公司拓展机会，加快公司的发展。这两种职能对公司绩效都会产生积极的作用，而良好的绩效又会产生正反馈，进一步巩固公司声誉。在以公司公民行为为基础的企业声誉管理模式中，公司公民行为是整个系统的原动力，一旦失去公司公民行为的支持和强化，公司声誉与公司绩效的循环将会很快衰减。

优秀企业如何进行声誉投资

惠普

对于惠普来说，企业公民责任的履行具有战略发展高度的重要性，这不仅是提升企业声誉的重要方式，也是企业构建竞争优势的一部分。

> 对于惠普来说，企业公民责任的履行具有战略发展高度的重要性，这不仅是提升企业声誉的重要方式，也是企业构建竞争优势的一部分。

为了兑现对社会的承诺，惠普公司鼓励员工为社区建设出钱出力。在美国，惠普的员工每个月要花 4 个小时的时间为社区学校或非营利组织工作，公司照常为员工发工资。

为了节省能源，惠普公司甚至鼓励员工在家里工作。通讯的发展节约了能源和原料，给公司带来了可以衡量的财务收益，包括减少了开车给环境造成的影响，减少了废气排放，缓解了交通堵塞等。在对供应商的采购方面，惠普企业公民体系提出多样化要求，每年制订针对妇女公司和小公司的采购计划，并进行专门的统计。员工的个人职业生涯规划也被纳入到惠普公司的企业公民体系中。

摩托罗拉

摩托罗拉每年拿出全球销售额的 1.5%交由摩托罗拉基金会用于全球的公益和慈善事业。这家在纽约证券交易所上市的美国通信业巨头每年都会发布两份报告，一份是上市公司年报，另一份便是企业社会责任报告。而从 2007 年开始，它还发布一份摩托罗拉在中国的社会责任报告。

履行企业社会责任一直是摩托罗拉在中国的发展战略之一。在摩托罗拉看来，市场像一池水，而企业就像一条鱼，只有水里充满了氧气和养料，鱼儿才能在水里更快更好地成长。换句话说，只有对社会有益的公司才能长期持续发展，才能使企业的良好声誉维持在一个相对稳定的状态，才能持续地赢得消费者的支持与信赖。摩托罗拉立志在中国做一个优秀的企业公民。自 1987 年进入中国市场以来，摩托罗拉公司在公益事业上的投入已高达数千万元。

在中国，摩托罗拉首先确立了以教育为核心的参与中国公益事业的方针。围绕着这个核心，摩托罗拉结合企业文化，在希望工程、高校捐赠、国企培训和恢复灾区教育上大力投入资金，并在此基础上延伸至环保、救灾重建、社会福利和扶贫事业等项目。

> 摩托罗拉认为只有对社会有益的公司才能长期持续发展，才能使企业良好声誉维持在一个稳定的状态，才能持续地赢得消费者的支持与信赖。

捐助希望工程是摩托罗拉参与中国公益事业的活动中立项最早、投入最多、持续时间最长和在公司内部涉及面最广的项目。12 年来，摩托罗拉共向希望工程捐款 420 多万美元，建立了 70 多所希望小学（其中两所还被评为全国模范小学），使 13 000 名失学儿童重返校园，培训了 700 多名希望教师，另外还资助了 500 名“希望之星”班的学生。为了将资助希望工程作为一项事业长期深入地持续下去，摩托罗拉制订了一整套规范细致的资助计划，其认真程度丝毫不亚于规划一项科研计划。在具体实施上，不仅追求援建小学数量上的增加，更注重让这些学校能够高质量地全面发展，力求使每所摩托罗拉希望小学在环境、教学条件及教学质量上成为一流学校，起到典范作用。

摩托罗拉总是选择在失学最严重的贫困地区建设摩托罗拉希望小学，最终构建了遍布全国所有贫困省份的摩托罗拉希望小学网络，以期为各地区小学作出良好的示范表率作用，达到带动全国各地区基础教育水平全面提高的目的。

在此基础上，摩托罗拉还建立了对受助孩子和援建学校的跟踪调查系统，主要是为了了解受助儿童在受助前后及其上中学、上大学的情况。通过对这些情况的调查，摩托罗拉支持“希望工程”的工作进一步得到完善，并为“希望工程”本身的发展提供了富有建设性的意见。除了在硬件上努力改善教学条件，摩托罗拉也在提高希望小学教师的素质上下了工夫。

柯达

> 柯达一直支持中国社会公益事业，不仅塑造了公司的良好形象，也取得了政府的信任与好感，企业竞争力不断提升，形成了对市场的相对垄断。

作为一家全球性的公司，柯达一向注重提升自己的形象，同时寻求参与全球性的重大活动项目来提升自己的影响力。2008 北京奥运会作为全球性的体育盛事受到众多企业的关注，柯达同样对此倍加重视。经过周密的规划，奥运成为柯达中国公司进行市场推广的主题，柯达在中国进行的公益营销均围绕奥运频繁展开。

在全球，柯达早已是赞助奥运会的先行者。在柯达 125 年的发展历程中，奥运营销已经成为公司的传统。在顾拜旦 1896 年组织第一次现代奥林匹克运动会时，组织者和奥委会都没有足够的资金，于是从那届奥运会开始就由一些企业提供赞助，而在体育方面的第一个赞助商就是柯达公司。

在北京奥运会举办过程中，柯达提供了三项基本服务：一是为记者提供影像中心服务；二是为运动员提供的医疗影像服务；三是为工作人员提供的制证服务。

柯达在为 2006 年都灵冬季奥运会提供上述三项服务时已相当成功，但是柯达在中国北京的服务又增加了许多新的内容，原因在于中国是柯达全球最重要的地区市场，而奥运对于中国又具有特殊意义。柯达自然会通过各种具有更多社会公益色彩的行动，并结合中国北京奥运会的具体情况提供服务。柯达所做的一切，都会增加柯达与中国本土市场的黏合力，并体现柯达对中国的社会责任的勇于承担。

柯达在奥运营销中所运用的公益营销，推动了数码转型在中国的影响力和取得的成功。2008 年北京奥运会是中国市场的主旋律，而柯达数码是柯达公司的主旋律，两个主旋律的结合体现在柯达社会责任的营销之中将是社会公益与企业利益的最佳结合。

柯达一直支持中国社会公益事业，经常赞助医药、教育、环保、体育文化等活动，不仅塑造了柯达公司的良好形象，也取得了政府的信任与好感，赢得了高层的认同。正是依靠着大手笔的投资和良好的政府关系，柯达中国公司的企业竞争力不断提升，形成了对市场的相对垄断。

安利

安利公益事业小组的工作任务是根据企业的文化理念及经营方略，评估、策划、执行有利于将企业文化理念延伸、发展、诠释出来的社会公益活动，树立起回馈社会的优秀企业公民的形象，提高企业的知名度和美誉度。

> 安利确立了“儿童、环保、健康”三大公益主题，持续不断的公益投入给安利带来了巨大的声誉收益，降低了针对公司运营方面的潜在舆论危机发生的几率。

作为乐善好施的企业家，安利全球总裁德·狄维士更倾向于把公益当作一种文化。他指出：“虽然操作上专业规范，但我们并没有将慈善作为一种企业战略或者营销策略。如果是战略，就要有既定的目标，每年要衡量、统计，看看是否实现了目标。而安利几十年来热心公益，只是觉得这是应该做的正确的事，并没有上升到战略高度。可以说，我从小就从父辈那里受到积极参与社会公益、履行企业社会责任的熏陶，这是家族传统，现在已经成为每一个安利员工发自内心的意愿。”

用安利中国区总裁黄德荫的话来说，安利的公益理念源于两位创始人“分享”和“帮助弱者”的人生信念，多年积累下来就变成了企业文化。

为了寻找一个能够深入持久拓展的公益事业主题，安利特意聘请美国精通“公益事业市场”的研究专家卡罗·库纳女士对中国国情进行详细研究。从 2004 年开始，安利在中国确立了“儿童、环保、健康”三大主题，并把这三大主题视为三大品牌项目进行管理。

确立儿童主题是因为儿童代表着未来，拥有无限美好的前景，这与安利的企业理念“为你生活添姿彩”是相吻合的。目前，安利在全球推出了旨在改善贫困地区儿童生存状况的“爱心手牵手——关爱儿童大行动”活动。

而“健康”、“环保”则属于“中国特色”。中国正处于高速发展阶段，“健康”、“环保”成了日益突出的社会问题。

在确立了三大公益主题之后，安利成立专门团队，以项目制推广公益事业品牌，环保、儿童、健康，每个理念都在打造一个大品牌：健康理念有“纽崔莱健康跑”；儿童理念打造“安利名校支教”品牌；环保理念方面，除种植100万棵树，打造“哪里有安利哪里就有绿色”的“安利林”外，还赞助了南北极科考和清扫珠峰的“登峰造极促环保”活动。

明确捐赠领域和受赠对象，审慎选择自己的公益合作伙伴并与之建立良好的合作关系，安利因此形成了一套高效的公益事业操作系统，采用项目管理的模式监督经费的去处。

安利在中国所推行的公益营销给其带来了四个方面的巨大回报：其一，间接推动了销售，刺激业务拓展；其二，提升了企业的品牌形象；其三，员工在公益活动中增强了企业凝聚力和向心力；其四，在政府关系和媒体关系方面更容易得到认可。

案例解读：宝洁通过公益营销提升企业声誉

早在1952年，宝洁就建立了“宝洁基金”。今天，宝洁公司和宝洁基金会每年在全世界范围内的捐款都超过了5 000万美元，不断向有需要的人和有需要的地方伸出援助之手。依靠着这种积极、主动、持续的公益赞助，宝洁在全世界建立起了良好的品牌美誉度与强大的影响力。在中国，宝洁是知名度最高、大学毕业生最向往去工作的跨国企业，同时也是2008年中国最受尊敬的跨国企业。

在中国的公益赞助项目中，宝洁尤其支持教育事业。从学前教育到研究生教育，宝洁公司都给予高度的重视。宝洁在教育上的公益赞助，大抵从以下三方面展开：

1. 通过赞助，影响中国最高端的知识人才

宝洁相当多的教育赞助项目集中于中国科学院、北大、清华等中国最优秀的研究机构和大学，那里聚集了中国最顶尖的知识人才，他们是宝洁公司最希望吸引的人才。

2. 跟随政府关注的焦点，赢得政府认同

“希望小学”建设是中国政府积极推进的宏大工程，宝洁不断投入资金支持中国希望工程，赢得了中国政府的高度赞许。

3. 关注中国下一代，将品牌影响力对准未来消费者

宝洁投入巨资启动“春蕾计划”，支持中国少年儿童的教育工程。从营销的角度上来看，宝洁已经将品牌影响力对准了其未来的消费者——中国的少年儿童。

在宝洁等跨国巨头企业看来，公益赞助既是表现企业社会责任的最好方式，也是赢得政府认同、打造企业品牌影响力的有效途径，同时更是强化与消费者沟通的一种有效方式。而出色的商业化运作则使得公益赞助变成一种使社会受益、企业得利的双赢行为，并促使企业不断进行循环投入。

通过公益营销提升企业声誉的三大原则

参照宝洁等知名企业对公益赞助的成功运作，中国企业要避免出现“对社会有利，对企业无益”的结果，可以遵循以下策略原则：

1. 时机性原则：在恰当的时机进行恰当的赞助

当社会出现重大事件或重大事故时，社会、媒体、民众的集体关注

度最高，如果企业能够在第一时间主动表态，必然可以吸引更多注意力，也最能吸引媒体的报道。与市场营销一样，提升知名度最重要的并不在于投入的数量，而是能够预先抓住最适合的时机，达到四两拨千斤的效果。

2. 商业运作化原则：公益赞助必须策略先行

对于企业而言，公益赞助可被视为一种企业营销行为，所以在执行公益赞助时必须视同企业其他营销行为一样，策略先行，预先将整个过程的每个步骤考虑到位，包括何时赞助、赞助多少、何时举行新闻发布会、是否邀请政府官员见证、媒体宣传计划如何执行等。只有考虑充分，把握得当，才能使企业避免成为“无名英雄”，使公益赞助行为朝着企业所希望的方向发展。

3. 长期性原则：将公益赞助视为企业的一种商业战略

对于宝洁而言，公益赞助是一项长期的商业策略行为，持续的回报促使他们不断进行公益赞助。正是在这种坚持下，宝洁积累起深厚的品牌美誉度，也获得媒体持续的报道与关注。在企业实力允许的情况下，中国企业可以将公益赞助纳入企业战略之中，通过对某一公益项目持续性的赞助，最终获得政府、媒体以及消费者的高度认可与持续关注。

正如企业危机的防范与管理一样，企业声誉的提升也是一个综合性的长期过程，且危机管理与声誉管理两者之间相辅相成、互为表里，共同构成企业运营中非常重要的一环。随着全社会对企业社会责任的重视不断加深，企业履行社会责任也已经成为获得公众认同、提升美誉度、防范危机的一种有效方式，这也是宝洁等跨国企业在中国成功运营给我们的启示。

在一个全新的商业环境下，企业必须摒弃旧的观念和意识，从战略的高度去看待社会责任的履行，重视声誉管理，为企业打造一个牢固的品牌防护天盾，加深消费者对品牌的忠诚度，从而最大限度地降低企业危机发生的可能性，使企业能在一个和谐、积极的氛围中顺利发展。

附录：经典危机管理案例分析与点评

案例一：新奥燃气“政府公关”泄密危机启示录

2009年1月7日，一位网友在其博客中发表了题为“山东聊城一燃气公司行贿官员预算表”的帖子，帖子中，聊城新奥燃气公司拟维护的官员名字、职务以及费用款项一目了然。

这个帖子顿时热透网络，网友纷纷跟帖，语气愤慨。帖内所提供的预算表名为“聊城新奥燃气公司2009年度公共关系维护计划表”，内容极其详细，清楚明晰。表中排在第一位的是聊城市委书记，而市委书记的维护人是李士林，李的职务是聊城新奥燃气有限公司总经理。

1月8日，众多媒体开始报道此事，但涉及此事的山东聊城新奥燃气有限公司、新奥燃气集团、山东聊城当地政府均没有对此事件进行正面回应。

与以往任何一次企业危机爆发一样，企业危机背后引发的不仅仅是多方利益的博弈，更隐藏着情绪对抗、舆论压力、消费者指责等多重价值冲突。当新奥燃气这份公共关系维护方案曝光之后，网民的怒火迅速被引燃，各大网站及论坛上群情激愤，诸多指责的声音汇结成两个方面的质疑：

新奥燃气是否涉及更多的企业行贿事件？官员腐败与以权谋私是中国民众最为痛恨的行为，而在媒体及民众心目中，企业有意行贿是造成官员腐败现象的重要根源之一。所以，当新奥燃气此份政府关系维护方案曝光后，立即招致民众炮轰，引起外界对新奥燃气企业运营的更多猜测与批评，更有网民呼吁纪委彻查与新奥燃气相关的政府部门官员是否存在腐败行为。

消费者是否应为企业公关维护费用买单？在新奥燃气这次尴尬的政府公关泄密事件中，网民最大的指责焦点在于：在天然气价格高居不下的当下，企业竟然用巨资去维护政府官员，而这笔费用是否最终会转嫁到消费者头上？

以上两个问题的指向都涉及公共利益的受损，虽然该事件只是企业的一次拟定“行贿”事件，但其可能招致的结果却会使消费者利益受损，所以舆论指责才如此汹涌。

网络泄密的危机黑洞

在泄密事件发生之后，新奥燃气进行了紧急危机处理。

一是在 1 月 8 日紧急召开新闻发布会，澄清新奥公司从未做过此计划，指责事件是由竞争对手所策划，并称已报警，警告其他媒体不要盲目报道，否则将被追究责任。

二是紧急开展对网络媒体中有关负面报道的删帖处理。新浪、搜狐、网易等主流门户网站的新闻报道已大部分被删除。

三是对事件更多内幕闭口不谈，对外信息披露均与新闻发布会上公布的内容相同，称此事乃对手策划所致。

从危机种类以及危机的负面影响来说，政府公关的泄密对于新奥燃气来说是严重的危机事件。虽然新奥燃气进行了紧急危机公关，但此次危机事件所带来的负面影响绝不会在短期内消失。从长期性来看，此次政府公关泄密事件对新奥燃气会造成三方面的负面影响：

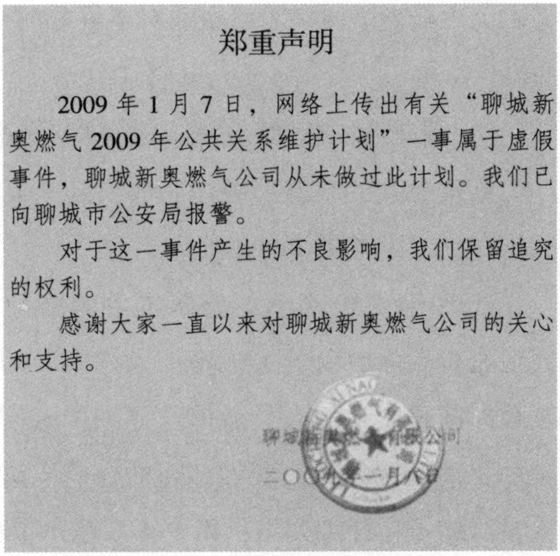

郑重声明

2009 年 1 月 7 日，网络上传出有关“聊城新奥燃气 2009 年公共关系维护计划”一事属于虚假事件，聊城新奥燃气公司从未做过此计划。我们已向聊城市公安局报警。

对于这一事件产生的不良影响，我们保留追究的权利。

感谢大家一直以来对聊城新奥燃气公司的关心和支持。

聊城新奥燃气有限公司

二〇〇九年一月八日

一是政府公关将遇到空前阻力。虽然在与政府关系维护方面属于你心知我肚明的潜规则，但一旦潜规则被曝光，强烈的舆论关注将使利益各方备受压力。可以预料在接下来的一段时期里聊城各政府机构的官员都会力图与新奥燃气保持距离，以证明自己的清白，这将使新奥燃气与政府关系建设遇到前所未有的阻力。

二是危机爆发几率将倍增。企业一旦爆发危机，将在局部时间内形成一种黑洞效应，任何与此类似的事件都可能被大肆渲染，以印证企业在某一方面确实存在过错。在接下来三个月甚至是半年内，新奥燃气必须更加谨慎小心，否则，任何过失都可能引来新一轮的炮轰，新旧危机事件将被汇总。

三是企业形象受损。在国家不断力推反腐倡廉政策的当下，企业行贿与官员腐败同样要受到严惩。企业行贿的背后是社会责任感的缺失，是对公共管理秩序的侵犯。新奥燃气对事件的澄清与说明，合乎危机管理的逻辑，但不合乎民众接受的情理，稍有分辨能力的人一看就知是企业的无力托词。所以无论企业对事件如何辩解，企业形象受损是必然的。

潜规则、网络危机以及危机防范

新奥燃气的政府公关泄密事件让人觉得可笑可恨又可怜，但其却不是唯一的发生此类事件的企业。

2008 年 4 月 26 日，在天涯等网络论坛上，流传着一篇名为“玫琳凯泄密资料之政府公关机密记录档案”的帖子。帖子中公布了数百位获赠玫琳凯化妆品的人员名单及详细个人信息，其中涉及广东省广州市等地的工商、税务、公安等部门的在职人员，甚至包括电视、报纸等媒体人员。帖子还详细列举了每个人获赠产品的数量和金额。

针对此事，玫琳凯（中国）化妆品有限公司发函表示，此事是该公司离职员工邱某所为。由于邱某离职时跟公司闹了矛盾，故偷取了公司的内部资料，并在网络论坛散布这些信息。

由于该名单涉及内容的敏感性，所以在网上被公布之后，立即引来多方的关注。不仅各大网站进行疯狂转载，而且平面媒体也开始对此事追踪报道。关于对此事的讨论与谴责的帖子遍布各大论坛，玫琳凯的声誉受了严重的影响。由于网络舆论的高涨与话题的敏感性，相关的政府监管部门也开始对事件进行调查，受此危机事件的影响，玫琳凯的政府公关与关系建设受到很大阻力，对其在中国市场的下一步发展造成了严重影响。

通过玫琳凯以及新奥燃气这两个极为相似的危机事件，我们可以从中解读出三大方面的内容：潜规则曝光的严重后果、网络传播引发的舆论压力、危机防范的前期工作。从这三个方面受到的启示如下：

企业必须强化内部员工网络使用的管理。2008 年发生的十大企业重大危机事件中，有 80%都与网络密切相关或直接由网络引发。有的是外部人员通过某种手段取得内部资料后恶意进行传播，也有企业内部员工无意或恶意曝光自家之丑。所以，对企业内部人员的上网、内部资料的发布必须时时进行制度化的规范与管理。在企业内部形成一种习惯性的自我约束文化，最大限度地减少网络危机的发生。

必须注意对敏感资料的隔离、管理和保护。在企业运营过程中，必然产生大量的敏感性资料，如技术研究、销售策略、竞争策略、政府公关等，这些敏感性资料的外泄必然会引起严重的后果。玫琳凯与新奥燃气政府公关的泄密事件即为前车之鉴。所以，对于敏感资料的严格管理以及强化相关责任人的责任心是企业管理的重要内容之一，也是避免引发危机的重要防范手段。

做好危机预案制定及关键人的沟通。从危机管理的角度来说，时间是最关键的要素之一。所以，提前做好潜伏危机的预案，以备在危机发生之时，企业能够有条不紊地进行部署管理，在最短的时间内将危机控制到最小程度。同时，针对不同的危机情境，预先与相关关键人物做好沟通，必要时请其为企业证言。

给新奥燃气危机管理的几点建议

敏感资料泄密事件属于严重性危机，也是不可逆转的危机，对此类危机事件的管理是很有难度的。当确凿的证据摆上媒体的公审台时，企业无论以什么样的托词辩解都难以扭转公众的认知，企业声誉受损是必然的。

根据危机传播中组织形象修复策略理论，新奥燃气可以分阶段、按照危机的延展深化程度，通过以下两个阶段进行危机公关。

1. 第一阶段

否认策略：新奥燃气目前的否认策略是正确的。因为无论这份公共关系维护方案是如何被曝光的，企业这种行为本身已经跨越了企业道德与法律之间的界限，所以，否认策略是企业必须坚守的底线。苍白无力的否认尽管会遭到质疑与批判，但起码能将事件框定在企业道德层面。如果承认则会使事件升级至法律层面，将要承担法律后果。

同样，在玫琳凯政府公关泄密事件中，玫琳凯也以各种说法否认方案的真实性。

逃避责任：从危机管理的角度，新奥燃气声称已报警并指责竞争对手作祟的这种做法也值得肯定。虽然我们认为报警只是新奥燃气将自己假扮成受害者的一种姿态，但起码会使部分公众相信，新奥燃气是受诬陷的，确是受害者。这种同情的心态能使新奥燃气逃避部分责任。

在危机管理中，企业在面临沉重的公众舆论压力的情况下，虚拟地树立一个第三方敌人，能有效地转移公众视线并达到减轻企业责任的效果。这与美国总统对外发动战争逃避民众对自己不满的舆论压力策略是相同的。

舆论控制、议题转移：新奥燃气应实时监控网络舆论，与重要网站和论坛合作，防止相关议题再次出现。同时，积极创造新的传播议题，通过正面的传播，稀释负面报道。

2. 第二阶段

减少敌意：当事件稍为平复之后，新奥燃气应该适时做出一些有利于公众利益的行为，如产品促销、免费安全检查、讲座、消费沟通等，间接减轻因事件形成的公众敌意。

推出政府合作方式：既然外界质疑新奥燃气在政府公关方面存在潜

规则，那么以后时间里新奥燃气可以考虑策划一些大型政府合作项目(如主动支持某些市政建设)，通过这种高知名度、高关注度、高透明度的政企合作方式，力证新奥燃气在政府公关方面的行为可信性，也可借机修补受损的政府关系。

——摘自《现代企业文化》2009 年第 2 期

案例二：华硕“假芯案”危机：“台湾式危机公关”是否行得通?

对于中国企业来说 2008 年是充满挑战与困惑的一年。从年初到现在，几乎每一个月都有企业爆发影响力巨大的危机，从企业的声誉危机、品牌信任危机到产品质量危机、广告代言人危机等。危机事件如病毒一样，在任意时间以任意方式不断地出现，让众多企业陷入了危机困境之中。

在中国一向发展得顺风顺水的华硕，2006 年曾被曝出“电脑假芯案”事件；2008 年，随着该事件的再度发展，这家台资的标杆企业又一次被推到了舆论的风口浪尖之上。

2008 年 10 月 26 日，被关押 10 个月的北京女大学生黄静，向法院起诉了华硕，并准备将卷入此案的英特尔一并告上法庭。于是，事隔 2 年后，华硕这起“电脑假芯案”再次掀起巨大的波澜，网络上随之掀起一轮支持黄静消费维权，抵制华硕恶意欺诈的浪潮。

危机全面来临，华硕如何出招?

危机来临，华硕高姿态反击

在解读华硕应对危机之前，我们来回顾一下整个事件的发展经过。

2006年2月9日，大学生黄静购买了一台华硕笔记本电脑，在使用过程中多次出现异常现象，经过华硕售后服务人员几次检修后仍无好转，黄静请朋友修理时发现该笔记本电脑内原装正版Pentium-m7602.0G CPU被更换为工程测试样品ES2.13G CPU，该样品由英特尔公司无偿提供并明确规定不能用于最终用户产品。

黄静于2006年2月14日上午在律师陪同下，携带录音设备和摄像设备前往华硕公司进行交涉。华硕公司工程师承认更换CPU的情况，并保证所换CPU为华硕公司原装正品，确认在华硕公司享受售后服务没有问题。和解谈判过程中，华硕公司包括中国业务总经理许佑嘉、品牌总监郑威在内的多位高层承认了更换工程样品CPU一事，并详细说明了更换过程。

2006年2月17日，应华硕公司要求，在北京市公证处由华硕公司工程师对该机进行检测，结果确认该机内被换装的是工程样品CPU。

2006年3月4日，黄静与代理人周成宇、律师舒梅先后多次与华硕公司协商谈判，并要求华硕公司出资500万美金用于成立中国反消费欺诈基金会作为和解条件，如果和解不成将向北京市海淀区人民法院提起民事诉讼。

2006年3月7日，华硕公司以谈判为由，将黄静和其代理人周成宇诱骗至华硕公司北京分公司，然后报警对其进行抓捕。

黄静在看守所被关押10个月后，2007年11月9日，海淀区人民检察院以证据不足为由，对黄静作出不起诉决定。

在华硕设局诱骗拘留黄静之后，多个民间团体以及众多网民一直密切关注此事，其中，“华硕维权联合律师团”便是为黄静翻案奔走呼告的一个民间团体，网络上也开始发出一轮又一轮的支持消费维权、抵制华硕的呼声。

虽然案件轰动一时，但中国的许多媒体却在此次事件中保持缄默。华硕在“假芯”事件曝光之后，立即向全国多家主流媒体发出警告声明，强调黄、周二人是敲诈勒索，警告媒体不要跟风报道，否则将会采取法律手段予以追究。

所以，尽管“假芯”事件性质严重，但是在华硕对媒体的强力控制之下，媒体并未形成针对华硕的大规模负面舆论，华硕的市场销售未受此影响。

事隔 2 年后，“假芯”事件出现了转机，随着黄静被释放以及其对华硕提起反诉讼，华硕的危机波澜再度被掀起。

面对消费者各种有些极端的维权手段，华硕的危机应对之道似乎也在走极端——不惜动用法律的手段以高压的姿态打击消费者及警告媒体。虽然从前阶段来看，华硕的“假芯”危机事件的负面影响受到了一定的控制，但其中潜藏的危机却仍然是存在的。随着黄静案的再度发展，新的危机暗流正在涌动。

对于华硕而言，真正的危机来源或许不是“假芯”事件本身，在英特尔有意无意的默许下，这似乎已成为电脑行业的一种普遍潜规则，只是华硕不幸被曝光，真正产生影响的是在中国市场语境下，强势企业与弱势消费者之间不对等博弈可能引发的更严重后果。以往无数的案例告诉我们，在这种博弈与拉锯战中，最终结果往往是强势企业赢了官司，却输尽民心。如 2006 年富士康与《第一财经日报》记者之间的诉讼案、2004 年巨能钙与《河南商报》之间的官司、1997 年三株口服液与陈伯顺老汉的官司。

在以法律的名义强势打击消费者背后，华硕遵循着什么样的危机管理逻辑？

华硕事件是富士康事件的翻版

在此次“假芯”案中，华硕以罕见的强硬姿态打击消费者与压制媒体，这使我们想到了2006年的富士康事件。同样作为台湾龙头企业的富士康，面对媒体的负面报道，以强势的方式进行危机公关，打压一切来自外部的挑衅。

2006年3月，《第一财经日报》报道了台湾富士康科技集团在广东的工厂存在工作条件恶劣、工人工作超时、工资低廉等现象，富士康危机爆发。

几天后，富士康科技集团以新闻报道名誉侵权纠纷为由，向《第一财经日报》的两名记者提出总额3 000万元人民币的索赔。3 000万的巨额索赔使该事件超越了普通经济新闻的范畴，变成了一条爆炸性的社会新闻，引起了全台湾地区的广泛关注。

如果纯粹从新闻报道的角度看，《第一财经日报》关于富士康科技集团在广东的工厂存在工作条件恶劣、工人工作超时、工资低廉等现象的报道，并没有多大的关注度。中国是世界的加工厂，广东又是中国加工厂最集中的地方，无数台资、港资、外资代工企业云集于此，像报道所说的工作境况有哪一家不是大同小异？

但是，富士康面对媒体的负面报道愤然而起，不是采取沟通协商的方式进行危机处理，而是采用了进攻式的公关——不仅向记者提起上诉，而且还提出天价索赔。这等于为原先负面报道的延续提供了另一个负面的素材，无数原先作壁上观的媒体的兴奋点一下子被提到了最高点。铺天盖地而来的新闻追踪报道使“富士康血汗工厂”一下子名扬全国，许多原先并不关注抑或关注度并不高的公众现在都将目光投向了富士康。

富士康的强硬姿态激起了全国媒体的同仇敌忾，在全国媒体一边倒的炮轰之下，富士康很快四面楚歌，不仅苹果等 OEM 的客户纷纷要求富士康解释该次事件，当地政府也对富士康提出批评，并专门成立工作小组督查其用工情况。在巨大的舆论压力下，富士康很快主动撤诉，并与《第一财经日报》达成和解，转为低调处理。

富士康这种与媒体强硬对立的姿态并非偶然，其在台湾的工厂在此事件前也曾受到当地媒体的负面报道，富士康同样通过法律的手段起诉该媒体，最终逼使该媒体刊登道歉声明，这种强势公关的做法几乎融进了诸多台资企业的运营理念之中。仔细梳理华硕与富士康在处理危机事件的反应思路，我们会发现两者在某些方面有着惊人的相似之处。

作为产业巨头的华硕与作为全球最大电子产品 OEM 厂商的富士康，均掌握着众多的产业资源和社会资源，在中国内地也拥有广泛的社会关系与政府关系，所以他们在运用法律手段上也显得游刃有余。从华硕问题电脑出现后到黄静被羁押 10 个月被释放，华硕公司一直不作回应，媒体也大多保持缄默，其强悍底气可窥一斑。

从危机管理的处理手段来说，华硕与富士康这种高姿态出击的方式可以称为“台湾式危机公关”。以法律条文为危机管理的指引法则，以律师为危机管理的核心人员，无论是面对个体消费者还是媒体，企业均以高调或恐吓的姿态进行打压，力图以强势使对方屈服。与之相比，在中国本土市场语境中，情与理的交叉往往表现得更为明显，华硕这种“台湾式危机公关”有效吗？黄静的反诉讼又将使华硕面临什么样的舆论危机？

“台湾式危机公关”为何凶多吉少

在“台湾式危机公关”的背后，是台资企业一贯以来的强势市场策略思维——我们称之为“进攻式市场策略”，对对手毫不留情，开拓市场如狂风暴雨。同样，在进攻式市场策略之下，某些台资企业对待危机事件也是采用高压方式，希望快刀斩乱麻。

在这种企业的公关策略思维中，面对外界的挑衅就要主动出击、高调进攻，企图给对方重重一击，以使媒体或消费者在企业压力之下屈服。但事实上，这种进攻式的公关方式，在当下中国媒体环境中，实在是凶多吉少。

从中国的人文环境来看，媒体扮演着重要的舆论监督的角色，绝大多数的民众相信媒体报道的客观性与真实性，媒体在民众心目中有很高的公信力。对于多数的中国民众来说，媒体的定调是权威的、客观的，媒体的立场是代表着民众利益的，媒体眼中的企业或产品是好是坏，在潜意识上对民众的看法有决定性影响。

对于企业而言，采取进攻式公关的危险之处就在于，表面上企业是高调与单一媒体对抗，但其实质是在与更广泛的民意进行对抗——在传播主权掌握在媒体手中的情况下，社会民意几乎完全由媒体所牵引。这样看来，企业的进攻式公关往往显得悲壮而孤单。在富士康与《第一财经日报》的对峙前期，虽然事实真相仍有待法律的判定，但是强大的媒体舆论谴责却已将富士康的声音淹没，民众意见也是向着媒体一边倒，富士康成了公众攻击的对象，最后以狼狈撤诉收局。

更重要的是，无论是媒体还是民众，在心理天平上大都倾向于支持弱者。在华硕与黄静的对峙中，随着黄静不幸遭遇的曝光，网民的心理天平开始偏向黄静一边，不断有网民自发结成团体呼吁支持黄静这个弱势消费者的维权。当舆论一边倒的狂潮越升越高时，华硕的危机就会从三方面全面爆发：

1. 主流媒体集体倒戈炮轰，华硕声誉受损严重

由于受到华硕以法律手段的压制（或者说是华硕广告投放的制衡），现阶段中国平面媒体对黄静案几乎都保持缄默。但如果网络反华硕的舆论狂潮不断升温，使之成为一个典型的社会热点，那么平面媒体就会从中找到舆论的突破口，立即进行跟踪报道，到时任何法律恐吓与广告压制的手段都将失效。如果主流媒体长时间炮轰批评，将使华硕声誉受到极大的影响。

2. 政府介入调查，价值链关系受损

随着黄静申请国家赔偿再度受到关注，以及网络维权呼声的不断高涨，政府的相关部门可能迫于舆论压力而对华硕“假芯”事件进行深入调查，从而发现更多不利于华硕的细节，甚至可能将华硕当成侵犯消费者权利的企业典型进行批评。而政府部门对事件的定调又可能引发华硕价值链上的合作伙伴对其丧失信心——从银行、供应商到销售商都可能因此倒戈。

3. 网民抵制狂潮，产品销售受阻

网络舆论在平常的控制之下只是口头的争议，但假如升温至一定程度，很容易就会演变成现实的暴力事件与抵制行为。例如，2008 年 5 月网民发起的“抵制家乐福”行动引发的暴力事件。同样，如果华硕在现阶段继续以高压姿态对抗舆论或者网民，缺乏与网民的有效交流，那

么，网民可能通过各种方式释放不满情绪，如挖掘华硕的负面消息、号召抵制华硕产品等。当这些反华硕浪潮汇合在一起时，其产品的终端销售必然大受影响。

回顾中国市场二十多年的发展，其中任何一次成功的企业危机公关案例，都不是采取高调的进攻性危机公关处理手法。“赢了官司，输了民心”，三株帝国的惨重教训依然历历在目。优秀的企业都明白，危机公关的核心在于理顺民意，赢回民心，而不是进攻，与广泛的民意进行对抗。

事件回放

发生时间	事件经过
2006年2月9日	黄静购买了华硕的笔记本电脑
2006年4月14日	黄静向华硕提出赔偿要求
2006年4月14日	黄静因涉嫌敲诈勒索被检察院批准逮捕
2006年12月26日	检察院向黄静发出取保候审通知
2007年11月9日	检察院对黄静作出不起诉决定
2008年6月5日	黄静的代理律师向检察院提出国家赔偿申请
2008年6月16日	检察院作出审查刑事赔偿申请通知书
2008年10月26日	黄静决定起诉华硕

——摘自《中国中小企业》2008年第12期

案例三：危机火烧连营，企业如何应对

连锁危机时代来临

2008年7月10日，中央电视台《经济半小时》报道称，在中国汽车界中享有极高知名度的C–NCAP（中国车辆碰撞试验室）不过是一个私营组织，而不是由国家控制的、具有一定说服力的汽车检测组织。

创办两年多的C–NCAP因为弥补了国内没有此类安全评定标准的空白，近两年越来越受到国内厂商的高度重视，新车上市言必称C–NCAP，而许多厂商“获得C–NCAP碰撞五星”的广告也已经被更多的消费者接受。所以，越来越多的汽车厂商愿意花钱去买一个明知不具备客观性但却具有消费者欺骗性的“C–NCAP五星认证”。但是，随着C–NCAP的信誉倒台，一场行业性的信任危机随之掀起。

在全球市场一体化逐渐形成的当下，“世界是平的”这个趋势已是我们要积极面对的现实。任何一种产品的生产几乎都必须依靠外部厂商协力完成，不同的供应商、零部件共同构建成一个完整的产品。分工的细化将不同厂商牢牢地捆绑在一起，“一荣俱荣，一损俱损”的连锁反应成为众多厂商无法避免的现实。

2008年初发生的“艳照门”事件，许多女明星被卷入其中，该事件几位主角陈冠希、钟欣桐、张柏芝等原本都是广告小天王、小天后，代言了百事可乐、森马服饰、曼秀雷敦化妆品、EPSON打印机等众多知名品牌。“艳照门”事件爆发后，网上出现了大量抵制陈冠希代言产品的“召集帖”，负面舆论批评汹涌而来。接着抵制钟欣桐、张柏芝甚至是刘嘉玲的帖子也纷纷出现，最终迫使以上企业纷纷撤下这些明星所代言的产品广告，以避过舆论批评的持续炮轰。

而在2005年发生的“苏丹红”事件中，诸多食品企业都受到了牵连，整个行业闻“红”色变；2006年初被爆出宣传欺诈的欧典地板，其危机爆发后，导致行业整肃风波迅速掀起，全国的地板行业都风声鹤唳，而消费者对地板品牌的信心也大打折扣，全行业销售均受到波及。2006年下半年发生的柯达、索尼、佳能等众多品牌相机的质量危机事件，也是典型的连锁反应的例子。

作为一种重要的企业危机源头，连锁反应不仅出现在上下游一体化的供应链体系中，同时也出现在休戚相关的同业之中，就如上面所列举的一样。所以，对于企业而言，必须形成一种新的危机管理的战略思维：不仅要将危机管理的对象对准企业内部流程、消费者投诉等直接的价值链环节，同时还必须防范因为行业性危机（包括竞争对手）所引发的连锁反应。

C-NCAP事件之所以引来汽车行业的地震，是因为在消费者群中，C-NCAP已经形成了很高的知名度与信任度，诸多汽车品牌以此为原点进行一系列的公众沟通与产品宣传。在利益的驱动下，汽车厂商进行自我造神运动，有意把C-NCAP的假标准当成真规则进行使用，除了消费者之外，利益各方其实都知道，所谓的测评结果不过是公共关系或广告宣传的泡沫而已，是一颗踩在脚下随时可能爆炸的地雷。但基于商业利益的目的，没有人在乎该认证的真假，或者说没有人有所警惕，一场在刀尖上跳舞的假面狂欢就此拉开。

但忽然间，C-NCAP神像倒塌，汽车厂商们这时才发现，自己已经陷入一片信任危机的汪洋之中，“超五星”安全原来是“超五星”金钱购买的结果。“超五星”安全的神话褪色之后，被剥掉“C-NCAP五星认证”外衣的汽车厂商都发现自己是在众目睽睽之下裸泳。危机的连锁反应把所有企业都逼到了风浪之上，有些企业已经开始撤下原来C-NCAP的所谓认证，也有些企业愁于如何应对媒体及消费者的质询。

综合而言，在中国市场化的语境下，企业发生连锁危机有三方面的情况：

1. 明星广告代言危机

广告明星由于陷入丑闻或负面事件之中，导致其代言的产品、品牌遭遇大规模的抵制，在这种情况下，几乎该明星代言的所有品牌都难逃被负面舆论包围的厄运。

2. 产品供应链危机

由于供应某些原材料、零部件的下游厂商出现产品缺陷等危机事件，导致上游产业链受到影响而陷入连锁反应之中。如2006年索尼笔记本电脑电池发生质量事故，影响到戴尔、惠普、联想等一批笔记本电脑生产企业也陷入“电池门”危机事件之中。

3. 宣传失真危机

企业为了追求市场的轰动效应或提升消费者认知，在广告或公共关系宣传中有意嵌入某些有误导性的认证或品牌背书信息，从全国牙防组事件、地板行业的虚假国外品牌宣传到此次的C-NCAP事件，当这些品牌背书的真相被曝光之后，整个行业都会陷入消费信任的危机。

无论发生哪一种连锁性危机，企业都必须高度重视，任何疏忽都可能引致企业陷入严重的舆论困境之中。当危机火烧连营时，企业应该如何出招？

三大招式抵御连锁危机

与营销策略不断因时而变一样，企业危机在不同的市场环境、竞争态势、社会背景下同样不断地发生变化。进入2008年，企业危机事件又迎来一个高发的时期，其中很重要的原因之一就是中国媒体环境进一步走向开放独立，新闻舆论的监督、批判力度不断加强，企业的任何过失都可能被媒体曝光，继而被摆上舆论的天平，成为公众关注的焦点。

危机连锁反应将会成为2008年危机管理中的一个重要现象：企业危机的爆发将突破原来利益相关者的价值链范畴，从而进入内容更广的危机源头范围——行业竞争、政策的风吹草动都可能成为危机的源头，一个不确定性的时代正在来临。作为企业，可以通过以下三种策略防御连锁危机对自身的伤害：

1. 第一招：坦诚沟通　分摊责任

当行业性危机大规模爆发时，由于其波及面广、影响人数众多，所以媒体对此事件必然高度关注，同时，追踪报道时间也持续较长，并会努力去挖掘出更多潜藏此危机的企业。所以，在这种情况下，企业要化解连锁反应对自身的冲击，方法之一就是要化解媒体对危机事件典型性的过分关注，并逐渐将媒体视线引向其他方面，使负面报道慢慢平息，或者创造新的关注焦点使媒体舆论发生转向。

在“苏丹红”事件中，当亨氏在危机的泥潭中苦苦挣扎时，肯德基却主动引火上身，向媒体坦承自己的两款产品中含有苏丹红。在真诚地向消费者道歉的同时，肯德基更重要的举措是向外公布导致自己产品含有苏丹红的源头，将责任推到其配料供应商田洋公司身上，于是所有的舆论关注焦点立即聚集到这家并不知名的“苏丹红元凶”公司身上，肯德基的负面报道转瞬即过。一场极具爆炸性的典型危机事件，在肯德基的巧妙处理下，变成了非典型性的危机事件，使得肯德基避开了媒体的长时间炮轰。

同样，在处理这次的 C–NCAP 危机事件中，汽车厂商应对的策略之一应是引导媒体或公众去思考 C–NCAP 的成立背景或更深层次的制度缺失问题，而不是一味地聚焦于企业与其不正当的交易上。

2. 第二招：借势用力　化危为机

数年前，山西朔州一伙人用工业酒精假冒白酒出售，致 27 人中毒死亡，多人中毒卧病在床，造成震惊一时的毒酒大案。随着媒体的大规模报道，所有白酒特别是山西的白酒陷入了一场前所未有的危机困境之中，所有消费者对白酒都产生了警惕心理。

作为中国知名的白酒企业，这场席卷全国的假酒危机自然也对古井贡集团产生不小的冲击。面对着来势汹汹的连锁危机，古井贡集团没有被动地承受，而是妙借媒体的关注点，主动出击，延伸话题，从而成功地化危为机。

首先，古井贡集团以董事长的名义，向有关媒体发布了“古井贡酒致全国消费者的一封公开信”。在信中，古井贡集团除了严厉谴责制假者丧失天良之外，也介绍了古井贡集团一向严格的酿酒制度，并号召行业要自律，以充分保证消费者的利益。

随后，集团董事长更向政府呼吁白酒立法，倡导成立中国打击假酒专项基金会。集团董事长的主张得到了国家工商总局、国家质检总局、中国质量检验协会、中国消费者协会等有关单位的高度重视和大力支持。那一年，备受消费者关注的“3·15”专题节目的记者也就此采访了古井贡集团，古井贡酒知名度随之急升。

另外，为了体现企业的社会责任感，古井贡集团以董事会名义慰问、抚恤27名死者家属，为每个家庭捐助1万元，此举赢得了社会的普遍赞誉。

在所有白酒企业都战战兢兢唯恐受到毒酒事件殃及的时候，古井贡的借势用力、主动出击，不仅有效化解了行业连锁危机对自身的影响，反而使之成为企业出击市场的一次契机。

当发生这种整个行业信任危机时，企业的应对策略可以是：

（1）借用第三方权威证言：请出行业协会、e见领袖等权威人士，借助他们的证词、争取他们的支持以协助企业博取公众的信任。

（2）创造新的议题，引导舆论走向：从消费者的角度出发，创造能够与消费者沟通的新话题，引导消费者从积极的角度看待事件。如禽流感事件中，肯德基所做的关于鸡的全新认识性传播。

3. 第三招：迎合舆论　祭出新招

当主流舆论（如主流报纸、杂志、网络）对企业危机事件的批判力度达到高潮时，单一企业任何反对的声音都是不合时宜且是危险的。

在这种情况下，企业要做的是对舆论的“伪迎合”，即对主流舆论的表面附和。如在此次C-NCAP所引发的行业危机事件中，面对记者来电采访，汽车企业可以适度表示对C-NCAP倒台事件感到遗憾（敏感时期，绝不能与主流舆论唱反调，否则会成为媒体标题，引来新一轮的舆论批评），且声明C-NCAP的测评只是提供了一方面的衡量标准，企业对于自身产品品质的追求一向非常严格。

企业可以宣布将采取新的措施去代替C-NCAP的测评，因为这时舆论都在关注C-NCAP倒台之后，中国汽车安全测评等级将如何制定的问题。如果有某家企业能够利用此舆论关注热点，列出有说服力的措施或者方法，不仅可以使自己脱身于行业连锁危机之中，而且有可能借此迅速成为新的关注焦点，提升企业知名度。

在这种舆论批评浪潮的危机中，企业的危机管理策略为：

迎合舆论、博取同情：迎合舆论的走向，将企业定义为这场危机的受害者之一，使舆论的批评势头不再针对企业。

积极准备、低调应对：当舆论批评达到高峰时，企业要做的是迅速撤下或减少备受批评的宣传，以防被舆论聚焦，同时，积极准备好相应的措辞、措施，当危机之火烧上身时可以即时作出反应。

连锁危机正成为企业危机的一个重要根源。相比以往，每一家企业都必须更加重视外部环节的冲击，及时识别各种危机的因子，制定好危机应对策略，以保证自己即使身处危机旋涡同样能安然渡过。危机永远不可避免，火烧连营并不可怕，高度的危机意识与出色的应对策略就是确保企业走过一切惊涛骇浪的最好护身符。

——摘自《广告大观》2008 年第 10 期

案例四：企业裁员中的危机沟通管理

2008 年下半年，一份“大裁员第一波”的企业名单，通过各大公司的企业邮箱在京、沪等地的白领中流传，其中包括 22 家跨国企业、40 家国企等。同时流传的还有 20 个金融海啸期间“不景气行业”的名单，排列出各大行业景气指数，一时间人人自危。

对于中国的白领阶层来说，全球金融危机已经不只是一则爆炸性新闻，而是演变成了关乎自己生计的切身“威胁”。而对于企业而言，裁员已经成为应对经济危机的普遍之举。

裁员是企业为了减轻成本、应对收入减少的无奈之举，但在另一方面，有一些企业由于裁员过程处理不当，相关利益群体沟通不到位，造成了舆论失控，最终演变成为一次意想不到的危机事件。

如何使裁员既能够顺利进行，又不至于变成一种危机的导火线，这正是对企业管理者智慧的考验。

前车之鉴：别让裁员成为企业危机导火线

2007 年 7 月，受到持续亏损的影响，LG 电子在进入中国的第 14 年，展开了一场公司史上规模最大的人事调整。这一调整在人事方面包括“提前解约”和“不再续约”两种，被“调整”的员工包括中、韩双方职员。据悉，这场调整涉及的范围相当大，仅成都分公司的裁员规模就超过了 20%。

由于裁员突然且沟通不当，LG 裁员计划的执行引起了一些被裁员工的强烈不满，不断有离职员工在网上发布帖子攻击 LG。

网上有署名为“LG 电子成都分公司被李相穆无故裁员而不予补偿的员工们”的网民发帖称：“LG 电子对公司工龄 5 年以上的员工下达了逐客令：年末合同到期后不再续签，一律离职，没有任何离职补偿金！”类似的帖子越来越多地在网上出现，例如，有前 LG 员工在网上称，在 2005 年以前的近 5 年时间里，LG 电子成都分公司居然没有为他缴纳一分钱的医疗保险，即使在 2005 年以后开始缴纳保险，公司也没有按照员工的实际收入百分比缴纳，而是按劳动法规定的最低金额进行缴纳。

由于网上舆论对 LG 裁员事件反应强烈，平面媒体也关注到此事，《南方都市报》、《北京晚报》、《南方周末》等主流媒体都从负面的角度对此事进行报道，使得裁员事件成为 LG 在华继“翻新门”事件之后的又一危机。

在Web2.0时代，由于论坛、博客、BBS等网络新技术的出现，每一名员工都获得了自由表达的权利与可能性，一名员工凭着自己的博客可以让一家大型企业备受困扰，一名员工利用自己的个人式“小媒体”就可以打响一场影响广泛的舆论战争。所以，对于企业而言，裁员过程如何进行有效的沟通、舆论管理、情绪疏导，是防范危机发生的关键所在。

三大策略防范裁员危机发生

裁员作为企业管理的手段之一，本来无可厚非，之所以裁员行为会演变成为一场危机事件，除却企业在裁员过程中的恶意欺诈等因素之外，最重要的原因是裁员过程中沟通失误所致。而沟通失误引发的负面情绪、冲突、对抗在网络时代被无限放大，这正是导致危机出现的重要原因。

所以，裁员过程中，防范危机最重要的方法在于以下三方面的沟通与应对：

1. 内部员工的情绪疏导

无论对于被裁员工还是留任员工，裁员这一行为本身对所有人都会产生一定的负面影响。内部员工对于公司这一决定的看法与支持度，将决定裁员是平和完成还是演变成一场情绪对抗。

要使裁员决定更容易被大多数员工接受，必然要使裁员过程更为透明、公开、公正，使被裁者能平心静气接受，留任者也能安心继续工作。所以，在这个过程中，管理者与员工之间的一系列内部沟通显得尤为重要。这种沟通的有效性将是一个系统的行为，而不是HR部门公布的一纸冷冰冰的裁员名单。

某美资电子公司在裁员之前2个月，就先由总裁向全体员工发了一封言辞恳切的信件，跟员工坦诚说明了公司现阶段遇到的困境，并提示接下来可能有相应的裁员行动，使所有人都有一个心理准备。

接着HR部门再按不同部门分别与员工进行谈话，圈定被裁员工之后，一一通知员工，并开通HR总监及总裁信箱，欢迎被裁员工随时与企业高管进行沟通，最大限度地疏导员工的情绪。

在一切准备就绪之后，该公司拨出部分资金，拟订了一个短期再进修计划，免费安排被裁员工进行一个月的职业深造，这样既在面子上顾及被裁员工，也让被裁者能够在继续提高职业技能的基础上，更好地找到新工作。

由于整个过程沟通到位，而且照顾到不同对象的利益，整个裁员过程顺利地完成。

2. 媒体舆论的监测与沟通

在一个媒体为王的时代，媒体的监督力量越发强大。虽然裁员只是企业内部行为，但从媒体看来，裁员特别是知名企业的裁员不仅涉及员工利益，还可能对行业变化甚至是社会稳定都产生影响，具有一定的公共效应，所以都极为关注。

在媒体的密切关注下，点滴的失误都可能被放大，特别是如果裁员过程中出现员工的情绪对抗、不满甚至导致激烈的行为，必然会被媒体加以报道，在这种情况下，企业将可能陷入尴尬的舆论困境。

所以，在裁员之前、裁员进行中、裁员之后三个阶段，如何有效地监测媒体的反应，关注要点，必要时进行紧急沟通，是企业裁员危机沟通要考虑的重要问题。而要做好这一过程的媒体沟通，可以考虑采取以下措施：一是准备好相应的事件说明稿；二是必要时与媒体记者进行事前的吹风会，简要说明裁员的原因、目的等；三是举行新闻发布会，向媒体正式阐述裁员的决定，将事件的信息传播权牢牢把握在企业手中。

3. 与行业主管部门的有效沟通

行业主管部门作为企业的上级管理者，一方面是员工受到不公平对待时申诉的渠道，另一方面也是企业请求协助的有力靠山。在这次金融海啸中，东莞一些企业突然裁员，不仅没有与员工进行有效沟通，也没有在第一时间向行业主管部门汇报，所以其裁员行为受到多方的指责。因此行业主管部门没有在企业陷入舆论困境时予以援手，而且还严厉批评企业这种不负责任的行为，使企业裁员危机进一步放大。

2008 年 6 月，玖龙纸业在陷入“血汗门”危机事件之后，广东省总工会的支持言论使玖龙纸业得以在最短的时间内化解了舆论的质疑。可以说，在任何危机处理之中，政府主管部门都是企业最好的后盾。所以要加强与企业主管部门的沟通，取得其理解与支持，因为他们的协助将是企业发生危机时最有力的依靠。

他山之石：借助博客疏导员工情绪

受金融海啸的冲击，一家德国的电子消费品企业——海融控股（化名）为了减少成本，决定进行裁员。由于海融控股居于本行业领导者的地位，所以公司一旦进行裁员，必然会引来媒体与行业的广泛关注，稍有不慎就可能演化成一场质疑公司生存能力的舆论危机。

另外，由于公司的员工都是一些思想活跃的知识分子，如果在裁员过程中处理不当，被裁员工可能会通过各种方式去表达对公司的不满。公司里超过 1/3 的员工都拥有自己的博客，有的甚至拥有好几个博客。如果员工们的不满言论通过博客扩散到网络，就可能给公司带来新一轮的危机。

为了在裁员过程中防范员工博客言论产生的负面影响，海融控股决定在进行裁员的前3个月就预先开展有效引导与管理，充分发挥员工博客的好处，努力控制其可能产生的负面影响。

由于行业裁员已经是一种普遍现象，所以公司员工关于本公司可能裁员的消息也已经有所听闻，一些员工更是开始讨论此事，其中不乏一些较为激烈的言辞。为了防止内部员工去一些对公司存在敌意的媒体中开设博客，海融控股主动为员工开设博客空间，鼓励他们集中到此处安营扎寨，并许诺员工可以自由讨论或提出问题，公司高管包括总经理本人都会对员工们的问题作出回应或解释。

与此同时，公司总经理率先在公司开设的博客区中开通博客，以诚恳的态度跟员工说明公司目前遇到的一些困难，也详细地回答了员工们在博客上的提问。

海融控股积极鼓励公司近一万名员工使用博客工具，但要求他们在博客写作与工作之间保持平衡，并规定员工博客应尽量为公司的业务增值，不能随便发表攻击公司政策与管理的言论。如果提到与公司有关的工作，员工必须使用实名，清楚地表明自己的身份和在公司里的工作岗位。

而对那些在自己博客上谈论与海融控股有关话题的公司员工，则要求他们作出自己的合理判断，并且要注明他们的观点和意见仅仅代表自己，而不是代表海融控股的官方观点。

海融控股出色的员工博客管理，既为全体员工提供了一个充分表达思想与意见的空间，及时有效地疏导了员工的某些不良情绪，同时其指引明确的博客规则又让员工们知道自己在言说时所必须遵守的尺度与原则。正是这种一张一弛的管理法则，使得海融控股数量庞大的员工博客非但没有成为危机导火线，反而更好地促进了内部的交流。

——摘自《国际公关》2009 年第 1 期

案例五：快公司成长之危机管理

危机萌芽在"快"发展之中

作为一家商业应用软件公司——浩瀚科技的创始人，庄浩瀚有理由为自己感到骄傲：自从创立以来，公司每年的业绩几乎以 100%的速度增长，在不到 4 年的时间里，浩瀚科技的规模扩张了数倍，迅速成为该行业的明星企业。

庄浩瀚是一名果敢、坚忍的领导者，他的企业运营理念就是：只有偏执狂才能生存。在他的领导下，浩瀚科技无论是在客户开拓、市场占领还是与对手的竞争中，都表现出无比的凶猛与强烈的进攻性。只要一有机会，浩瀚科技就会毫不犹豫地吞并同行的某些弱小公司，并以更新的技术、更优的价格抢夺其他竞争者的客户，这种强烈的进攻性使其所有竞争对手都不得不对这家新生的公司大加警惕。

很快，浩瀚科技就以敏捷的反应速度与新颖的运营理念在行业的激烈竞争中脱颖而出，客户的数量不断增加，市场业绩一路飘红，成为一家不折不扣的快公司成功典范。

与此同时，媒体对其关注度也不断攀升，各种各样的采访纷至沓来。媒体都在猜测：在一个竞争高度激烈的行业中，浩瀚科技究竟以什么样的市场策略在短时间内迅速崛起？但是，庄浩瀚拒绝了所有媒体的采访要求，在他的理念中，枪打出头鸟，只有低调的企业才能长治久安。

得不到采访的媒体，只能通过各种外围的信息对浩瀚科技的运营进行猜测，在各种各样的猜测性报道中，浩瀚科技被蒙上了一层神秘的色彩，其创始人背景、资金来源、技术研发、市场拓展手法等都引来外界的好奇，一些相关的不实谣言慢慢开始流传。

就在浩瀚科技一路高歌凯进之时，另一家实力企业泽珍软件集团正在紧密关注着浩瀚科技的一举一动。作为商业应用软件行业中的领导者，泽珍软件集团多年来一直占据着行业中最大的市场份额，并自觉地保持着行业的良性竞争，不断地推动着行业稳定地向前发展。但自从浩瀚科技横空出世，以一系列激烈的拓展手段打破了行业竞争的均势之后，泽珍软件开始考虑如何通过某些手段制约这条不可一世的“鲶鱼”。同时，浩瀚科技的一些竞争对手特别是在竞争中利益受损的企业也对这种猛烈的竞争方式表示不满，暗地里谋划如何进行反攻。

山雨欲来风满楼，危机的种子已经悄然萌芽，只是浩瀚科技对这一切仍不知情。

危机乍现，惊皱一池春水

泽珍软件集团忽然以技术侵权为名起诉浩瀚科技，同时利用其庞大的媒体网络，在全国的媒体舆论上掀起一场针对浩瀚科技的批评风潮。虽然法院对此案尚未审理，但是媒体铺天盖地而来的负面批评几乎已为浩瀚科技侵权一案定调。

庄浩瀚开始对于泽珍软件的起诉一事不置可否，认为这不过是对手的小把戏，自己完全可以胜诉。但是，他没有预料到对手竟然能够掀起全国性的舆论风暴，通过媒体的批评来影响公众的判断。而更为糟糕的是，一些当初采访受拒的媒体，更是借机对浩瀚科技进行大肆批评，有些更是恶意歪曲事实，为浩瀚科技的快速成长过程添加了许多无中生有的罪状，使得公司形象严重受损，一场重大的信任危机就此掀起。

由于以往浩瀚科技一向低调行事，从不注重媒体关系的维护，也没有构建任何媒体网络，公司所谓的对外关系与宣传部门形同虚设。更为严重的是，由于在创始人庄浩瀚的思维中，只要业绩能够不断发展，企业就不会出现什么危机，所以公司的高层管理者根本没有形成任何的危机管理意识，更遑论建立有效的危机管理体系。

当媒体攻击风暴一轮又一轮地袭来，客户质问的电话此起彼伏地响起时，庄浩瀚才明白，一场严重的企业危机已经来临，但是公司却没有做好任何的准备。

昔日那些在浩瀚科技强烈进攻下节节败退的对手，现在趁着浩瀚科技深陷危机的旋涡，不断进行反击。他们开始游说浩瀚科技的客户，同时不惜开出更优惠的条件进行诱惑，力图以联合之力狠狠打击浩瀚科技。

虽然最终赢得了官司，但是在媒体铺地盖天的负面批评以及竞争对手的攻击之下，浩瀚科技仍然损失惨重，原有的市场份额丢掉了60%，快公司的发展进入了停顿阶段。

庄浩瀚痛定思痛后开始明白：危机管理与企业运营一样重要，忽视了品牌美誉度建设与危机公关管理，发展得再快再好的企业也可能有马失前蹄的一天。

危机管理策略使公司“快”又“稳”

企业危机管理的核心就是解决冲突，而这种冲突包括利益与情感上的冲突。对于快公司而言，由于成长过程的跳跃性，企业快速扩张的过程更加容易产生某些冲突，如企业规模与人员管理、知名度与美誉度、市场扩张与竞争均衡等冲突，如果不能重视并有效地解决好这些冲突的根源，那么种种企业危机则可能伴随企业的快速发展而到来。

快公司要做好危机防范，逐步建立有效的危机管理体系，首先必须注重三方面的平衡。

1. 危机管理要点一：注重企业知名度与公众好奇心之间的平衡

企业知名度与公众好奇心之间的落差就是危机生长的土壤。对于许多快公司而言，企业的快速发展，往往能在业界备受瞩目，但是由于企业发展历史短，公众与媒体对其所知有限。随着公司的不断扩张，这种外界的好奇心会不断增长，如果企业在这个过程中不能满足媒体与公众的好奇心，那么媒体就可能通过各种渠道对企业的背景、发展进行打听，而这种道听途说的臆测式报道往往会使企业的形象产生偏离，从而埋下危机的种子。

就如前面所提到的浩瀚科技，由于其一味回避媒体，不仅使得各种失实的报道四处传播，损害了企业的形象，而且也错失了建立良好媒体关系的机会，以致在危机爆发之时无法得到核心媒体的支持。

2. 危机管理要点二：注重企业成长与竞争态势的平衡

商场与自然界一样，都存在均衡发展的规律。任何打破这种均衡的事物都容易招致其他事物的攻击，甚至被群起而攻之。浩瀚科技在发展过程中所表现出来的咄咄逼人的气势，严重打破了原有的竞争格局，彻底改变了市场态势，使行业内所有竞争对手不安。所以，对手的激烈反击也是可以预料的。

竞争对手的恶意攻击已经成为企业危机的重要根源之一，所以，对于任何快公司来说，保持企业发展速度与竞争态势的均衡是防范危机产生的关键之一。

3. 危机管理要点之三：企业运营与危机管理并重

我们正处于一个危机四伏的时代，竞争激烈、消费者或客户维权意识日益加强、政府监管严格、媒体舆论监督强大等因素都可能成为引爆企业危机的强力炸弹。所以，任何一家期待获得长久发展生命力的企业都必须将危机管理提升到战略的高度，与企业运营策略一并重视。同时，必须提升内部管理者与员工的危机意识，及时有效地制定危机管理体系与应对措施，居安思危，以未雨绸缪的心态去强化企业的危机管理。

对于快公司而言，要警惕的就是被成功之“快”冲淡了危机管理之“重”，如果企业发展只有快，没有稳，其航行之舟必然会遭遇风雨而被颠覆。企业运营与危机管理就如车之二轮，只有二轮并重，公司才能真正又快又稳地发展。

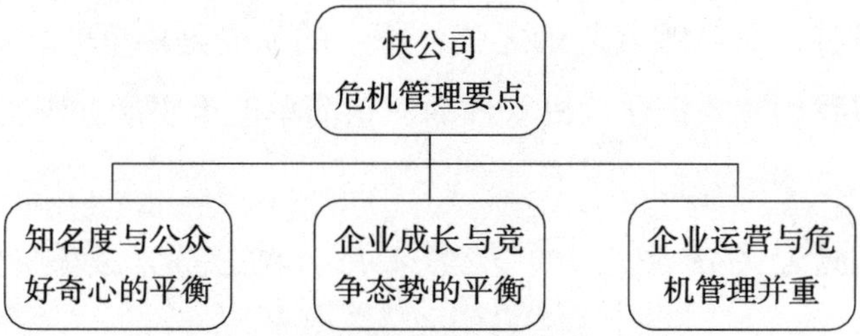

快公司危机管理的三大要点

——摘自《快公司 2.0》2008 年第 12 期

案例六：蒙牛应该记住的三条危机守则

在2008年这个冷风萧萧的寒冬之末，有一个企业家的心情却比寒冬更冷，他就是蒙牛集团董事长牛根生。

几个月前爆发的中国奶业三聚氰胺“大地震”，让蒙牛损失巨大。受此危机影响，2008年12月23日晚间，在港交所上市的蒙牛乳业（02319.HK）业绩预警公告称，预计2008年的亏损约为9亿元人民币，这也是蒙牛乳业自2004年上市以来的首次年度亏损。

一波未平，一波又起。数日前，国家质检总局向内蒙古质监局发函，责令蒙牛停止在特仑苏牛奶中添加OMP物质，这个函件引来媒体及公众对特仑苏OMP牛奶的食用安全性的疑虑，部分超市开始对特仑苏牛奶下架。一轮新的危机爆发，蒙牛又一次陷入舆论谴责与市场失守的双重煎熬之中。

面对着一场又一场来势汹汹的危机，蒙牛能否顺利度过？蒙牛之外的其他中国企业，在目睹危机之火的残酷无情后，是否应该从中吸取某些教训或警告，自己绷紧危机之弦？蒙牛的损失是惨重的，但是蒙牛的经历也提醒我们应该记住危机管理的三条简单但重要的守则。

危机公关守则一：“在黑天鹅出现之前，别说所有天鹅都是白的”

让我们一起回顾一个老掉牙的故事。

1688年之前，欧洲人认为天鹅都是白色的，因为从来没有一个欧洲人见过黑天鹅，“所有的天鹅都是白的”就成了一个没有人怀疑的事实。可是，1688 年，人们在澳大利亚发现了黑天鹅，从此所有声称“所有的天鹅都是白的”的人都被视为无知或不诚实的人。

在三鹿的三聚氰胺危机处于高潮之时，无数乳品企业一方面提心吊胆，另一方面都声称自己的产品是经过严格检测、一切都是遵守法律规定进行生产的。每家企业都用各自的方式力证自己是一只“白天鹅”，以表明自己与三鹿这只“黑天鹅”是不同的。

蒙牛同样通过告消费者声明、广告等多种宣传方式，向消费者信誓旦旦地保证蒙牛牛奶绝不含三聚氰胺。只可惜，国家质检总局的不断深入调查击溃了蒙牛一直保持白天鹅形象的梦想，蒙牛牛奶同样被查出含有三聚氰胺。

在三聚氰胺危机爆发之后，蒙牛接下来的处理很是得体：快速停售、回收产品、开通消费者热线、启动赔偿程序，牛根生甚至在电视里潸然泪下自责不已，可惜舆论怒火并未就此平息。

在此次三聚氰胺危机中，受抨击最多的企业除了三鹿，恐怕就轮到蒙牛了，甚至有人直接责骂牛根生就是蒙牛的“三聚氰胺”。

蒙牛既不是此次三聚氰胺事件的源头，也没有在此次危机中反应缓慢，在危机爆发后也没有推诿责任，但为何舆论却揪着蒙牛不放?

这是危机中公众特殊的心理机制使然：在行业危机肆虐时，主动澄清自己与危机之源完全绝缘具有极大的风险，在抬高公众对企业的正面期望感之后，一点点的危机爆发就会使公众对企业感到双倍的失望。巨大的心理落差将使公众的舆论超越对事件的理性判断，进而上升到质疑企业社会责任的高度，令危机面扩大且深化。

在黑天鹅出现之前，别说所有天鹅都是白的。危机完全消失之前，不要说自己完全与危机无关。

危机公关守则二：事实总是脆弱的

在 OMP 事件发生之后，蒙牛迅速就特仑苏 OMP 安全问题召开新闻发布会，蒙牛总裁杨文俊表示，卫生部同其他各部门已经明确表示特仑苏牛奶是安全的，因此对消费者的健康不会存在一点损伤，蒙牛暂时不会启动对消费者的赔偿程序。消费者如对蒙牛产品有疑虑的，可以进行退货。

从技术层面而言，特仑苏 OMP 的确不存在安全问题。卫生部的专家也认为饮用添加 OMP 的牛奶不会产生健康危害。

但是，被澄清的危机事实并没有化解媒体的批评与公众的怒气。而这些批评的焦点集中于三个方面：

（1）在以往的广告宣传中，蒙牛有夸大特仑苏 OMP 的功效之嫌。

（2）根据国家相关规定，企业在食品中加入任何一种新的添加剂都须报批由卫生部等多个部门组成的食品添加剂标准编制委员会，即使作为新资源物质添加也须报卫生部等相关部门批准。虽然特仑苏 OMP 是安全的，但却违背了报批原则。

（3）在三聚氰胺事件硝烟未散之时，蒙牛为何再次陷入产品质量危机之中？虽然事实表明可能是一场虚惊，但也暴露出蒙牛在产品生产、审批、宣传方面存在某些问题。

对于种种疑惑与批评，蒙牛回应的唯一准绳就是 OMP 是安全的，蒙牛特仑苏是值得信任的。在眼下 OMP 的舆论危机之中，蒙牛表面上是与公众在对话，实际上却是在对抗，双方诉求重点已经不在同一层面上。无数过往的危机事件告诉我们，事实总是脆弱的，当危机来袭并且不断深化时，公众对于企业的期望已不仅仅是让企业抹清事实之镜，而是希望从更高的价值层面获得企业的反馈。

事实与价值是构成世界本体的二极。英国哲学家休谟以事实与价值的区分为基础提出了事实知识与价值知识的区别。他认为事实知识可求之于检验、鉴定，可用于描述某种既定的事件，而价值知识却复杂得多，其起之于情，诉之于心，但比事实知识更容易打动人心。

在危机之中，关于事件起因、发展、后果等数据、证据的呈现属于事实层面，而对事件的反思、道歉、沟通、承诺等则属于价值层面。在重大的危机事件中，公众对企业的期望往往是先求事实之澄清，但很快就过渡到对价值回应的要求之上。所以，重大危机爆发之后，如果企业只一味执著于自己是对或错、是或不是、有或无这个事实层面，是无法从根本上消除公众的怒气的。心与心的沟通、基于企业社会责任的真诚承诺与行动，才是化解危机的有效之道。

危机公关守则三：良医治未病才是最好的危机管理之道

还是一个老掉牙的故事。

魏文王问名医扁鹊："你们家兄弟三人，都精于医术，到底哪一位最好呢？"

扁鹊答道："长兄最好，中兄次之，我最差。"

文王再问："那么为什么你最出名呢？"

扁鹊答道："我长兄治病，是治病于病情发作之前。由于一般人不知道他事先能铲除病因，所以他的名气无法传出去，只有我们家的人才知道。我中兄治病，是治病于病情初起之时。一般人以为他只能治轻微的小病，所以他的名气只及于本乡里。而我扁鹊治病，是治病于病情严重之时。一般人都看到我在经脉上穿针管来放血、在皮肤上敷药等大手术，所以以为我的医术高明，名气因此响遍全国。”

危机对于任何一家企业来说都是一种常态，而不是意外。危机种子潜伏在企业运营价值链的方方面面，谁也无法预料危机会在什么时候、什么地点、以什么方式爆发。但聪明的企业却知道，最好的危机管理策略就如扁鹊大哥的治病方式一样，诊出隐患之根，化于萌芽之中。良医治未病比巧手化重疾更重要。

快速成长的蒙牛，在大肆拓展市场、四处收购企业的过程中，必然也积下了一些难以在短时间内化解的顽疾，如工厂产能跟不上、产品生产监控薄弱、人员管理难度加大、市场竞争的恶意对抗等。这些顽疾如果没有得到有效化解或加以重视，在某种外因的诱使下，就可能演变成企业的一场重大的危机。在巨大利益面前，道德总是显得脆弱的，但是行业领导者却更应在此时显示出超乎寻常的对抗诱惑的优秀品质。回顾那些卓越的企业，哪一家不是在放弃诱惑的同时将潜伏的危机拒之门外的？

要承认自己的不足，增强危机意识，以战战兢兢的心态告诫自己：生于忧患，死于安乐。这或许是一场又一场惨烈的危机给蒙牛以及其他企业留下的最好的教训。

不经历风雨，怎么见彩虹？危机纵然造成了伤害与损失，但在另一方面也给企业家提供了一个全新的视野去看待自己的企业，或许正是在这种痛苦的审视与反思中，企业开始向着新的阶段迈进。

蒙牛，一路走好！

——摘自《新京报》2009 年 2 月 17 日

案例七：多美滋危机的另一只靴子何时落下

问君能有几多愁？恰似多美滋与蒙牛。

对于三聚氰胺风波中的多美滋与OMP危机中的蒙牛来说，2009年的开局似乎既不“美”也不“牛”：负面报道、责问、批评、舆论攻击、谣言、消费者怒吼、市场失守……危机以猝不及防之势扑向这两家乳品行业的领头羊。

在陷入三聚氰胺疑似风波一周之后，多美滋美滋滋地捧着上海质监局出具的检验报告——多美滋产品未检出三聚氰胺，开始在全国各大主流媒体刊登大幅主题广告：真金不怕火炼！广告的内容大意为三聚氰胺的谣言已被击破，多美滋不含三聚氰胺，请消费者继续购买。

在一片铺天盖地的舆论质疑声中，多美滋洋洋得意的广告宣言实在令人担忧：全国各地陆续有人爆出食用多美滋奶粉之后婴儿出现结石，在结石婴儿与食用多美滋奶粉有直接的关联性的报告未出来之前，多美滋这样的广告宣言其实是企业另一种方式的避责宣言，肯定会激起受害消费者的怒火。

当下正处于舆论批判多美滋三聚氰胺事件的螺旋高峰，多美滋应该做的其实是对公众舆论的“迎合”或“伪迎合”，以谦恭的态度使民意怒火能迅速散去，而不是逆民意而上，以广告宣言的方式向公众舆论挑战。虽然真金不怕火炼，但要知众口铄金，在强烈的舆论批评声中，对事实的辩解是脆弱无力的，当危机来袭并且不断深化时，公众对于企业的期望已不仅仅是企业抹清事实之镜，而是希望从更高的价值层面获得企业的反馈，希望看到企业认错、道歉或采取补偿行动，而不是一味的辩解、澄清甚至是反扑。

多美滋以挑衅性的宣言粉碎了自己一次化危为机的大好机会。在前阶段的三聚氰胺危机中，所有企业都是被爆出含有三聚氰胺才被迫宣布回收产品的，没有一家企业会在疑似危机阶段就做壮士断腕之举——主动封存或回收产品以待检验结果。如果多美滋能够利用这次机会，在上海质监局报告出来之后，不是推出澄清广告，而是主动公开宣布收回某一批次的产品（甚至是某一小范围的产品），以表明多美滋维护消费者利益的决心，那么公众舆论的态度就会大为不同。在危机管理中，有时姿态比事实更重要，行动比承诺更有力。虽然回收产品会造成损失，但是从长远来说，赢取人心绝对比赢取市场更为重要，强生泰诺危机管理的举措已有良好的示范作用。

在当下公众强烈的指责声中，多美滋就像一个蹒跚的醉汉，捧着上海质监局的“免责声明”好不容易抛掉三聚氰胺这只沉重的靴子，只是公众并未能因此而安心入睡，他们仍在提心吊胆地等待多美滋另一只危机的靴子会何时落下。这只靴子可能是某个结石婴儿，或另一份与上海质监局完全不同的检验报告。

危机面前，今晚无人入眠。无论是消费者、多美滋还是上海质监局，每个人都在等待另一只靴子落下，只是不知在何时、在何地。

——摘自《羊城晚报》2009 年 2 月 21 日

后 记

就在本书即将杀青之际，美国一非营利消费者组织发布的“婴儿卫浴产品含有毒物质的检测报告”在中国市场引起了广泛关注，中国消费者非常熟悉的品牌——强生名列其中。

强生危机爆发之后，网络上即刻开始大规模的声讨强生的浪潮。天涯论坛上一篇题为“强生差点把我一岁半的女儿毁容”的帖子，迅速得到广泛关注，数天之内点击率超过 30 万；而网民自发建立的 QQ 群“抵制强生保护家人”的人数也在迅速膨胀。

对于强生这个有着丰富危机管理经验的跨国企业来说，危机公关并不陌生，早前成功处理泰诺的手法已令它赢得广泛的赞誉。同样是产品质量事故，但一次危机事件与泰诺时代明显有所不同：这次危机是发生在 Web2.0 时代、有 3 亿网民的中国。虽然就危机管理策略的本质来说基本相同，但具体的处理手法却注定必然有很大差别：如何防范网络负面舆论的不断升级、如何通过网络的手段更好地与消费者沟通，将是强生管理本次危机事件的重点之一。

危机管理是企业无法绕过去的重要话题，无论我们如何不喜欢危机，无论我们如何想尽办法避免危机，但危机却始终潜伏在我们身边。直面危机、正视危机、做好一切的准备去应对各种可能到来的最糟糕情况，这或许就是企业最应该形成的一种心态。

网络如水，可以载舟，也可以覆舟。在 Web2.0 时代，对网络传播的研究也将成为企业最重要的工作之一。因为无论是营销传播还是危机防范，我们都时刻离不开网络这一平台，这也是本人推出本书的重要原因。希望本书提及的网络危机传播及防范的策略能对各位朋友有所帮助，欢迎各界朋友与我交流。

最后，感谢暨南大学出版社编辑杜小陆先生，他的专业意见与不懈努力，是本书得以顺利出版的保证。再次感谢广州时空视点总经理刘为先生，他对公关营销以及危机管理的见解给我启发良多，也感谢他对本书出版给予的大力支持。

相关链接

时空视点传播机构 网络公关营销的先行者

○公司简介

■中国公关行业领军品牌

连续多年跻身本土TOP公关公司行列，以思想力和执行力兼具而著称

中国营销公关的领跑者，中国活动公关第一品牌

成立于1997年，北京、上海、广州三总部，近300名员工

为逾百家著名品牌提供优质服务，多次荣获中国公关案例大赛奖项

国际公关协会专业委员会委员，国际公关组织PROI中国地区唯一成员

■专业的服务团队

管理层平均10年从业经验，骨干团队平均6年从业经验，品牌营销实战经验丰富

团队成员来自公关、广告公司、企业、媒体等，多元化背景保证策略创意的全面性

实施领先的知识管理体系，注重公关理论、方法论和实战技巧的研究、应用和创新

■以客户为中心的经营理念

客户导向的团队结构，客户至上的全员服务意识

严谨的项目管理流程、客户满意度调查、项目效果评估及优化改进流程

实时响应、迅速解决的服务风格，重视细节、追求完美的服务态度

■全方位的资源网络

覆盖全国的主流媒体资源

政府机构、行业协会、公益组织等权威资源

专家、行业观察家、分析师、资深用户等e见领袖资源

主持人、演员、歌手、明星等演艺资源

地方商会（如福建商会）资源

■时空视点公关传播研究所

集结了逾10位专业研究人员，以精准传播为导向，研究公关传播方法，包括危机管理、CEO声誉管理、娱乐传播、公益传播、企业社会责任等

■时空视点——值得信赖的品牌营销伙伴

优秀的专业素质

精致的客户服务

丰富的公关资源

高标的执行水准

超值的费用预算

○专业服务内容

■公关策略咨询

公共关系体系建设

品牌宣传策划咨询

产品宣传策划咨询
公关培训
危机公关
媒体关系管理
企业社会责任形象策略
商业赞助策划
大型活动创意策划
行业/竞品舆论监测分析
■公关宣传代理
媒体宣传
服务内容
阶段性公关传播方案
制订媒体传播计划
新闻稿撰写、文案编辑
媒体沟通与发布
媒体报道跟踪
传播效果评估
■活动代理
服务内容
活动方案策划
活动执行计划
活动项目统筹
○网络公关
■网络公关服务

危机公关服务
危机公关体系建设
应急预案编制
舆论监测、危机监控
危机处理策略
危机处理实施
危机预演
危机公关培训

媒体传播类型：
企业传播
品牌传播
营销传播
新闻/软文发布
高管专访
媒体联谊

活动类型：
新品发布会
新业务启动
经销商大会
路演巡展
大型仪式
大型赞助
大型庆典
高端论坛
明星代言签约

网络信息监测　　网络事件炒作
网络舆论分析　　名人博客
网络口碑管理　　病毒式传播
网络危机处理　　创意视频
网络新闻发布　　搜索引擎优化
线上主题活动　　邮件定向直投
网络广告投放　　电子杂志
网络论坛传播　　网站建设优化

■网络公关服务经验

自2000年起便涉足网络营销公关，在实践中锻造出一支网络公关团队，为数十家客户提供了不同类型的网络公关服务，积累了丰富的策划和实操经验

专门成立网络公关研究室，专人牵头负责，内部成员和外部顾问共同参与，致力于研究网络公关理论、开发网络公关模型和测试应用网络公关工具

拥有完善的网络公关资源：涵盖网站编辑、网站策划、网络设计制作、名人博客、论坛版主、资深网友、e见领袖等

■网络公关部分案例

“再续巧克力神话”——LG Cookie手机整合网络推广

雪佛兰红粉笔公益计划博客传播

佳能DV常年口碑营销

○服务经验

■代表案例

柒牌中华立领整合营销传播案例（第七届中国最佳公共关系案例大

赛银奖案例）

通用汽车赛欧品牌传播文化推广（第六届中国最佳公共关系案例大赛银奖案例）

■行业经验

3C 业：三星、MOTO、索爱、LG、飞利浦、多普达、创维、联想等

金融：深圳发展银行、中国银行、广东发展银行等

公共事业：广州地铁、佛山轨道等

时尚 / 快消：柒牌、索芙特、安踏、李宁、完达山等

其他优势行业：地产、家居、汽车、医疗健康等